★ 二战风云人物 ★

巴顿

凌　嵩◎著　于之伟　郭岭松◎主编

中国華僑出版社

图书在版编目(CIP)数据

巴顿/凌嵩著.—北京:中国华侨出版社,2015.11 (2021.2重印)

(二战风云人物/于之伟,郭岭松主编)

ISBN 978-7-5113-5781-6

Ⅰ.①巴… Ⅱ.①凌… Ⅲ.①巴顿,G.S.(1885~1945)-生平事迹 Ⅳ.①K837.125.2

中国版本图书馆CIP数据核字(2015)第279692号

二战风云人物:巴顿

著　　者/凌　嵩
责任编辑/文　喆
责任校对/志　刚
经　　销/新华书店
开　　本/787毫米×1092毫米　1/16　印张/16　字数/192千字
印　　刷/三河市嵩川印刷有限公司
版　　次/2016年2月第1版　2021年2月第2次印刷
书　　号/ISBN 978-7-5113-5781-6
定　　价/68.00元

中国华侨出版社　北京市朝阳区静安里26号通成达大厦3层　邮编:100028
法律顾问:陈鹰律师事务所
编辑部:(010)64443056　64443979
发行部:(010)64443051　传真:(010)64439708
网址:www.oveaschin.com
E-mail:oveaschin@sina.com

前言

第二次世界大战，是迄今为止人类历史上最为惨痛的一场浩劫，给整个世界造成了巨大的灾难。据估计，死亡人数超过 6000 万，各类损失超过 40000 亿美元。在这场关系到人类前途和命运的斗争中，正义力量最终取得胜利，人类文明得以延续，和平得以恢复。

从和平到来的那一刻起，人们就开始不断反思与战争有关的一切，试图寻找制止人类自相残杀的方法和途径。时至今日，第二次世界大战结束已经整整 70 年了，这种反思还在继续。令人遗憾的是，以人类现有的历史智慧，不仅没有找到彻底消弭战争的方法，而且随着世界政治格局的进一步发展，全球各地的军事冲突不断，战火频仍，甚至在个别地区有愈演愈烈之势。有人甚至担心，是否会爆发新的世界大战！

事实上，这种担心是完全没有必要的。

二战造成的影响极为深远，涉及政治、经济、文化、科技等各个领域，给世界带来了天翻地覆的变化。特别是东西两大对立阵营的出现，彻底改变了近两百年来由资本主义支配世界的格局。随着苏联的解体，表面上这种对立已不复存在，但它所留下的阴影仍然存在于全球各个角落，当代世界全局性矛盾的焦点仍然集中于此。不过，经过战后70年的历史演变，人们基本可以形成这样一个共识：任何一方都不可能通过军事手段一举消灭对方，并存和互相竞争的局面已经形成。换句话说，就是从政治、经济、文化等诸方面较量彼此实力和影响力等手段已经成为世界范围内竞争的主流。军事手段虽然没有被完全抛弃，但是爆发世界大战的可能性微乎其微，基本可以忽略不计。

正值二战胜利70周年之际，我们策划、出版这套《二战风云人物》丛书的目的也在于此。丛书共10册，收录了二战期间“同盟国”和“轴心国”将领各5人，分别是：艾森豪威尔、巴顿、麦克阿瑟、朱可夫、蒙哥马利、隆美尔、邓尼茨、曼施泰因、古德里安和山本五十六。丛书没有止于对人物在二战期间经历的单纯记述，而是从宏大的历史战争画卷入手，就人物的性格、军事指挥艺术以及世界潮流发展进行深入分析与阐释，总结得出一个结论：邪恶势力或许凭借个人能力或物质基础而嚣张一时，但最终都无法改变正义必将战胜邪恶这一亘古不变的真理。

愿战争不再，和平永驻。

鉴于水平有限，丛书中难免会出现疏漏或错误，敬希读者批评指正。

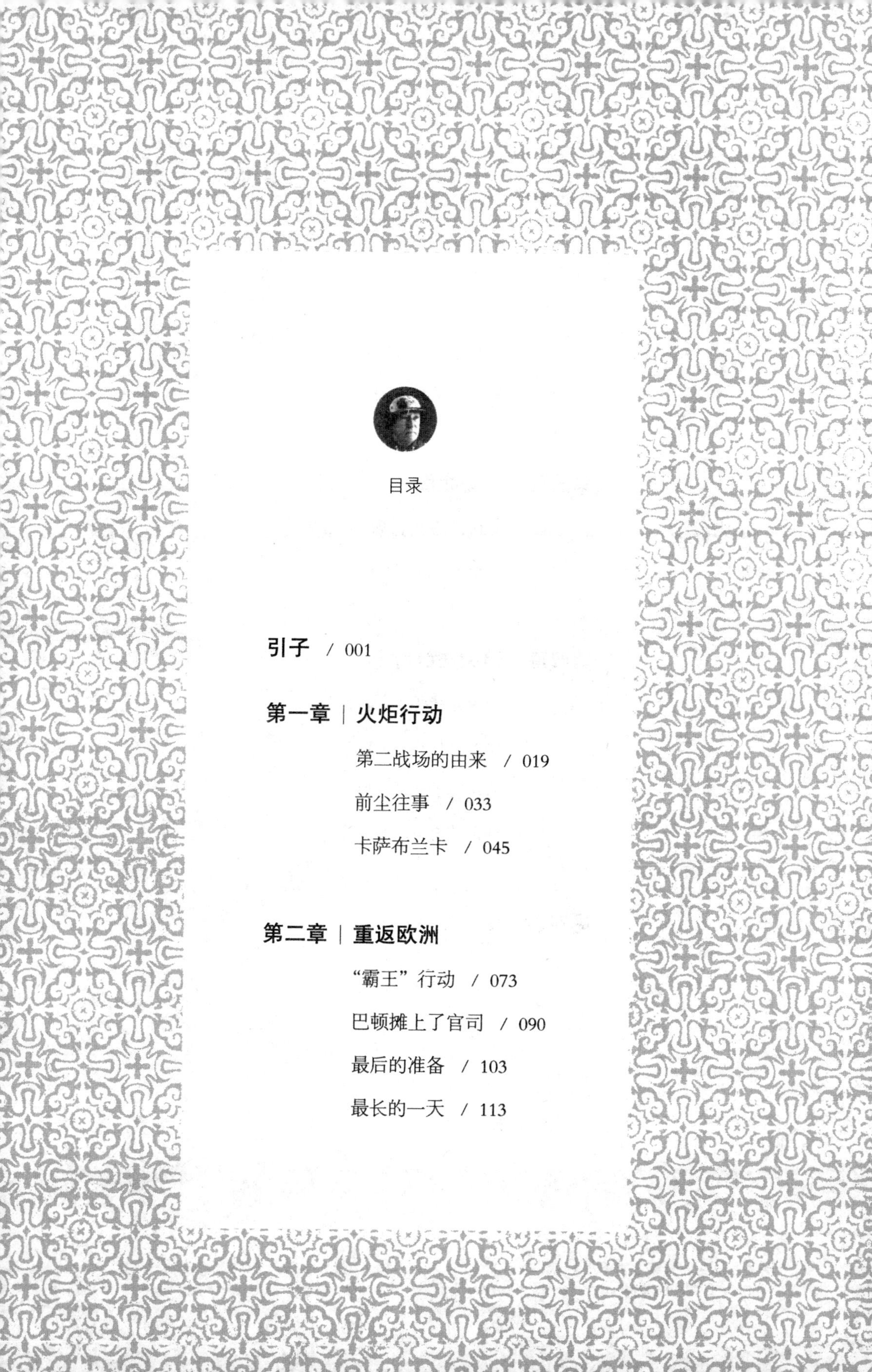

目录

/ 引子 /

2007年美国好莱坞编剧协会开展了有史以来“101部电影剧本”的评选活动。结果揭晓后，一部拍摄于1942年，并获得1944年第16届奥斯卡奖最佳影片、最佳剧本、最佳导演三项大奖的影片，荣登榜首。这部电影就是由华纳兄弟影片公司出品，由迈克尔·柯蒂斯执导，亨弗莱·鲍嘉、保罗·亨雷德、英格丽·褒曼等人主演的爱情电影——《卡萨布兰卡》，又名《北非谍影》。

影片讲述了一个缠绵悱恻的爱情故事。第二次世界大战爆发后，为了躲避纳粹暴政，许多欧洲人争相逃往美国。位于法属摩洛哥北部的城市卡萨布兰卡，成为人们奔向世外之地的中转站。城里一家酒吧的老板——美国人里克（亨弗莱·鲍嘉饰演）手中有两张珍贵的通行证。捷克抵抗运动领导人维克多（保罗·亨雷德饰演）偕妻子伊莉莎（英格丽·

褒曼饰演）逃到卡萨布兰卡，在酒吧里与里克偶遇。原来，伊莉莎竟是里克当年在巴黎的恋人。两人当年因一个阴差阳错的误会而分手，再次见面时旧情复燃。里克和伊莉莎面临着艰难的抉择。最后，里克出于对爱人的一片深情，决定将通行证送给伊莉莎，成全他们夫妻二人。在卡萨布兰卡机场，里克开枪击毙了前来阻挠的德军少校，他饱含深情地望着自己的爱人乘云而去奔向自由的彼岸。人性的光辉在低沉悠扬的片尾曲《卡萨布兰卡》中，升腾成一片耀眼的光芒。

这部优秀影片让小城卡萨布兰卡一夜成名。而 1943 年 1 月中旬，在这里召开的美英盟国首脑会议，更是让这座小城永远载入世界反法西斯战争的光荣史册。

1943 年初，整个反法西斯战争越来越向着对盟军有利的方向发展。苏德战场，斯大林格勒战役已经接近尾声；北非战场，英军将领蒙哥马利把有“沙漠之狐”之称的纳粹悍将隆美尔打得丢盔弃甲，正从埃及的阿拉曼向突尼斯胜利进军；亚太战场，日军遭遇中途岛海战和瓜达卡纳尔战役的失败，已经全面转入守势。为了进一步明确对轴心国作战行动方针，盟国首脑于 1943 年 1 月 14 日 ~ 23 日，在卡萨布兰卡召开了一次战略性会议，协调未来的军事行动。参加会议的有美国总统罗斯福、英国首相丘吉尔、自由法国运动领导人戴高乐将军等。

1940年夏天，戴高乐（前左）陪同英国国王乔治六世（前右）检阅自由法国部队

早在1942年11月，罗斯福就致电丘吉尔，提议一旦将德国人赶出突尼斯，美、英、苏三国应派出军事专家，尽快在开罗或者莫斯科围绕军事战略举行一次秘密会议。丘吉尔非常赞同罗斯福关于在三国之间进行军事战略协调的意见，但他提出应该由三国首脑出席这次会议，并将时间推迟到来年1月。美英两国意见基本达成一致后，1942年12月3日，丘吉尔致电斯大林：

总统告诉我他建议我们三人于1月间在北非某地会晤。

这远较我们在莫斯科所谈到的冰岛方案为好。你可在三日内到达北非任何地点，我只消两日，而总统则与你所需的时间差不多。我恳切地希望你能同意。我们必须尽早决定在1943年尽一切力量从欧洲进攻德国最理想的方案。这个问题只有三国的政府及国家首脑举行会议，并有他们的高级专家在他们身边参加，才能解决。只有举行这样一次会议，才能根据各自的能力与可能性，分担战争的整个重担。

三天后，斯大林复电丘吉尔：

我赞成举行三国政府首脑会议，以便确定共同的军事战略方针。

但是，我甚为遗憾，届时我将无法离开苏联，既然不可能安排我们的会晤，难道不能用我们之间通信的方式商讨这些问题吗？我承认我们之间有分歧。在1月间，有些战役不会平静下来，可能更加激烈。

在我上次给你的信件中，有一段曾提及在1943年春季在西欧开辟第二战场的问题，我正等待你对此事的答复。

斯大林格勒地区以及中部战线上的战事正在顺利发展中。在斯大林格勒地区我们包围了一大批德军，希望能将他们全部歼灭。

……

斯大林最为关心的是美英何时在欧洲开辟第二战场，以尽快缓解苏军在苏德战场的压力。他在12月中旬致电罗斯福称：

（我也）不得不向你深表遗憾，我在最近甚或3月初都无法离开苏联。前线的事务要求我必须经常和我国的将士在一起，因而我无法脱身。迄今为止，我尚不知你，总统先生，和丘吉尔先生，在我们的联席会议上究竟想讨论哪些具体问题？

不知我们之间是否可以用通讯方式来讨论这些问题。只要我们没有机会相晤，我认为在我们之间就不会有什么争论。

请允许我向你表示，我深信时机并未丧失，我并深信你，总统先生，和丘吉尔先生，必将履行你们二位所作的关于在1942年，至迟在1943年春季将开辟第二战场的诺言，因而在明年春季，英美联军在欧洲开辟第二战场一事将成为事实。

……

斯大林以斯大林格勒战役正进行到紧要关头自己无法抽身，这一无可非议的理由，拒绝了美英首脑的邀请。事实上，是在表达对美英两国迟迟不肯开辟第二战场的强烈不满。

斯大林格勒战役期间，苏军战士越过战壕，向德军发起冲锋

罗斯福见自己和丘吉尔都无法说服斯大林，便放弃了三国首脑共同出席秘密会议的主张。他在 1942 年 12 月 14 日，给丘吉尔写了一封亲笔信，基本确定了会议时间、地点、出席人员的范围等相关事项。罗斯福写道：

亲爱的温斯顿（作者注：即丘吉尔，丘吉尔全名为温斯顿·伦纳德·斯宾塞·丘吉尔）：

我至今尚未接到约大叔（作者注：指斯大林，斯大林全名为约瑟夫·维萨里奥诺维奇·斯大林）对我的第二次邀请的答复，但即使他将再次拒绝，我也认为你我也应进行会晤，因为有许多问题显然只有你我和我们双方的参谋人员举行会议才能决定。我深信，我们双方都不愿去年7月间决定“火炬”作战计划时所发生过的那种拖延再度重演。

1.由于讨厌的天气与飞机机翼会结冰之故，我们两人无论如何不能去冰岛。

2.由于政治上的原因，我绝不能来英国。

3.……

4.……正是因为这个缘故，我才认为我们最好在西北非某处而不在喀土穆会晤。此外，我还能亲眼见到我们的士兵。

5.顺便说一句，这对我自己也大有好处，因为我能逃脱华盛顿的政治气氛达两星期之久。

6.因此，我的想法是，我们可在1月15日左右在阿尔及尔以北或卡萨布兰卡以北会晤，如果这个时间对你相宜的话。那就是说我将在1月11日左右动身，但愿那时天气良好。

我的路线或是由此地到特立尼达，然后由该地至达喀尔，再由达喀尔北上；或是由此地至纳塔尔〔巴西〕，然后由该地飞越大西洋到利比里亚或弗里敦，再由该地北上。

7.既然斯大林不能出席，我认为你我就不必带外交事务人员了，因为我们的会议主要将是军事性质的。也许你的三位参谋长和我的三位参谋长可在我们到达前四五天事先在同一地点举行会议，因而等到我们到达该地时已拟出一个相当完备的计划草案。我已责成〔比德尔〕史密斯将军在四五天以前由此地动身，秘密调查某些可供游览的绿洲，这些绿洲离任何城市或人多的地方越远越好。有一本字典说“绿洲从来不是完全干燥的”。妙哉此字典。

8.要是约大叔说他将在3月1日左右与我们会晤的话，则计划可变动如下：

我建议你我两方的参谋人员在非洲某地，甚至像巴格达那么远的地方和俄国的参谋人员会晤，研究出某种至少能使新军事行动的准备工作得以开始进行的建议。到我们三人会晤的时候，就能解决余下的问题，并且讨论某些战后问题。

此致最热烈的问候

富兰克林·D.罗斯福

最终双方决定，将会议地点安排在刚刚由盟军解放不久的卡萨布兰卡。斯大林不能出席会议，丘吉尔和罗斯福希望自由法国运动领导人戴高乐能够与会。丘吉尔特地请罗斯福以电报的形式，向戴高乐发出邀请。但是戴高乐认为，美国表面上在促进法国的和平统一，实际上却是反其道而行之，支持亨利·吉罗将军（作者注：法国将军，在北非与盟军合作，策动北非法军参与对轴心国作战，与戴高乐存在政治分歧）就是最有力的证明。因此，戴高乐数次拒绝了罗斯福的邀请。自法国投降以后，美英两国分别在背后支持吉罗和戴高乐领导的法国救亡运动。

1月12日、14日，丘吉尔和罗斯福分别到达卡萨布兰卡。丘吉尔在飞行途中，遇到一点小事故。他在回忆录中进行了详细的回忆：

为了使这架C—46型飞机温暖如春，在机上装有一架汽油引擎，这架引擎能够产生出热气，使机上的各个暖气片达到极高的温度。这天清晨两点钟，正当我们飞在大西洋上空，离任何地方都有五百哩（作者注：哩即英里，500哩相当于800公里左右）之远的时候，一个暖气片烤痛了我的脚趾头，把我烫醒了，我看这个暖气片好像很快就会烧到炽热程度，把毯子烤着了。因此我就爬下了床铺，把坐在下面舱中的一把椅子上打盹的彼得·波特尔唤醒，让他看看这个非常热的暖气片。我们巡视了机舱，发现还有两个暖气片好像也同样地都快烧到炽热程度。后来我们就到后边的炸弹舱去（这架飞机已改装成为轰炸机），我们发现有两个人正在拼命地使这架汽油加热器烧得旺旺的。不论从哪个角度来说，我都认为这是非常危险的。汽油暖气片可能引起一场大火，而周围的汽油就会立刻爆炸。波特尔也有同样的看法。

> 我决心宁可挨冻，也不愿被烧死，因此便下令把所有的暖气设备都关掉，然后就回去在八千呎（作者注：呎，即英尺，8000 英尺大概相当于 2380 米左右）的高空里——为了飞在云层之上，不得不飞这么高——在冬季袭人的寒气之中哆嗦入眠。我得承认，这使我感到极不愉快。

万幸的是，丘吉尔只是受了一点点冻而已。否则第二次世界大战的历史，可能真的会因为飞机上的暖气设备而改写。

很快，双方主要参谋人员就当年作战的战略方针展开磋商。罗斯福和丘吉尔并没有过多地出席会议，主要是每天听取本国与会人员的汇报。

这时，戴高乐还是不肯到卡萨布兰卡来。丘吉尔通过英国外长艾登，向戴高乐施加压力，明确表示，是美国总统和英国首相共同邀请他出席会议的。吉罗将军已经到达卡萨布兰卡，如果戴高乐仍然拒绝与会，美英不仅将在他缺席的情况下对北非问题做出安排，并不得不考虑是否继续支持戴高乐担任自由法国运动领导人。

艾森豪威尔（左）与法国陆军上将亨利·吉罗（右）在阿尔及尔一同检阅自由法国部队

见到一向支持自己的丘吉尔措辞如此严厉的表态，戴高乐不得不做慎重考虑。他在回忆录中写道：

我没注意这个电报所包含的威胁，这种威胁我经历过许多次，已经觉得无所谓了；我认为“大战的形势和法国目前的处境，不允许我拒绝跟美利坚合众国总统和英王陛下的首相进行会谈”。我回电接受邀请……

各种利益、分歧、矛盾交织纠葛在一起，经过9天的争吵、辩论、斗争、妥协，第二次世界大战历史进程中，最重要的会议之一——卡萨布兰卡会议终于落下了帷幕。这次会议达成了三项重要成果：

首先，明确了1943年盟军的进攻目标。美国方面同意了丘吉尔提出的，攻克“欧洲柔软的下腹部”——西西里岛的方案。以此实现保证地中海航线的安全，迫使意大利投降，然后由巴尔干半岛挥师直插欧洲大陆腹地。

其次，在美英的努力下自由法国运动的两位领袖戴高乐和吉罗将军实现了暂时的联合，组成了法兰西解放委员会，为日后盟军进攻欧洲大陆打下了基础。

最后，也是卡萨布兰卡会议最重要的一项成果，盟军方面第一次宣布这次战争的最终目的是迫使轴心国无条件投降。

卡萨布兰卡会议的成功召开，标志着美英两国在彻底击败德意日法西斯这一总目标和军事战略上达成了共识。世界反法西斯战争展开了新的篇章。

卡萨布兰卡会议现场

这次会议是在卡萨布兰卡郊区，安法附近的一所大型旅馆中举行的。旅馆房间很多，足够全体英美参谋人员居住，还有宽敞的会议室。与会的领导人分别就近住在周围环境优雅的几栋别墅里。美军在会场周边采取了极为严格的安全保护措施，整个地区四周围上了铁丝网，三步一岗，五步一哨，不允许任何人自由出入，上空不时有承担空中保卫工作的巡逻飞机掠过。据戴高乐回忆，他到达机场后，虽然：

没有仪仗队，但是美国哨兵却在我们周围站了一大群。美国汽车来了，排列在飞机前面。我上了第一辆车。韦尔伯在上车以前，用一块破布蘸了些污泥涂在汽车的玻璃窗上……每个人的生活事务都由美国士兵料理。

为了保证会议的安全，美国方面确实是花费了很大的心思。除了心存芥蒂的戴高乐之外，其他与会诸人对这一切都感到非常满意，丘吉尔在回忆录中特别强调，“准备工作做得非常出色”。

这些幕后工作的执行和监督者，正是本书的主人公、二战期间美军传奇将领——小乔治·S.巴顿。

巴顿虽然没有直接参加卡萨布兰卡会议的议程，但是从事了会议的大量外围工作。他作为“东道主”全程负担了会议的安保工作，会议间歇组织与会人员进行参观游览，以尽地主之谊。

这里地处法属摩洛哥，美军将领巴顿为何会以“东道主”的身份出现在卡萨布兰卡会议现场，这还要从头说起。

相关链接：

C-46 飞机：

二战期间美国空军装备的主力运输机型之一，别名“突击队员”。该机是美国寇蒂斯莱特飞机公司生产的活塞式运输机。1940 年 3 月 26 日原型机首次试飞。1942 年装备美军部队后，命名为 C-46A。它可以执行空降、空投等不同任务，能够搭载 50 名武装士兵，或 4.3 吨的货物。机长 23.30 米，机高 6.65 米，翼展为 33 米。最大平飞速度 420 公里 / 小时，最大航程 4140 公里。二战期间，除美国空军外，加拿大、英国等国部队都曾装备该机型。C-46 在中缅印战区主要承担了飞越驼峰航线的任务，该机型因此在世界反法西斯战争史上留下了浓墨重彩的一笔。二战结束后，美国曾以大批 C–46 飞机援助国民党空军，并帮助国民党向内战前线抢运部队。解放战争中，该机型成为中国人民解放军的战利品，加入人民空军后，3 架 C–46 参加了开国大典受阅编队飞行。

第一章

火炬行动

／ 第二战场的由来 ／

1939 年 9 月 1 日，德国入侵波兰。9 月 3 日，英法对德宣战。第二次世界大战爆发。紧接着，德国发动闪电攻势，迅速占领丹麦、挪威、比利时、卢森堡等国，同时绕过重兵设防的马其诺防线，攻入法国。1940 年 5 月，德国将约 40 个师的英法联军包围在法国北部敦刻尔克附近的狭小地带。英国通过“发电机行动”，动员海空军全力以赴，历尽艰辛，在几乎丢弃所有重型装备的情况下，把英法联军主力 30 余万人安全撤退至英国。6 月 22 日，法国投降。继而，希特勒下达代号为“海狮计划”的入侵英国的命令。英国军民在新任内阁首相丘吉尔领导下，上下一心，凭借英吉利海峡天险，暂时打退了德军来自海上和空中的进攻。

经过长时间的等待，英国远征军一部终于登上“收获者”号驱逐舰撤离敦刻尔克

1941年6月22日3时45分，希特勒撕毁《苏德互不侵犯条约》，不宣而战，纠集纳粹德国及其仆从国军队190个师（包括德军153个师，其中有19个坦克师，还有芬兰、罗马尼亚、匈牙利等国的37个师），共约550万人、4300多辆坦克、近5000架飞机、4700门各种火炮和193艘舰艇，从北起波罗的海南至黑海近2000公里的战线上，向苏联发动全面进攻。当天上午5时30分，纳粹德国驻苏联大使舒伦堡向苏联外交部部长莫洛托夫递交宣战书。

德军按照"巴巴罗萨"计划，在北、中、南三个战略方向对苏联发动了疯狂进攻。德国元帅冯·李勃指挥的北路德军从东普鲁士出发，进攻列宁格勒；中路德军由冯·包克元帅统辖从华沙经明斯克、斯摩棱斯克，兵锋直指莫斯科；南路德军在冯·龙德施泰特元帅率领下进攻苏联基辅、顿巴斯等地。战争爆发初期，苏军损失惨重，一天之内便损失飞机约1200架，有800多架还没有来得及起飞便被击毁在地面上。6月22日当天，德军突入苏联国境25至50公里。由于通信遭到破坏，苏军司令部和各部队失去联系，前线苏军一片混乱，难以组织起有效的抵抗和反击。7月3日，时任德国陆军参谋长的弗兰茨·哈尔德上将在日记中写道：这无须多说，我认为在14天之内，对俄国的战争就可以取胜。战争爆发后的3个星期之内，冯·李勃的北路德军推进了450到500公里，冯·包克所部在南路推进了300到350公里，龙德施泰特的中路德军更是推进了450到600公里。截至7月8日，苏军损失惊人：被德军消灭了 109 个师，其中步兵师 89 个，坦克师 20 个。到 11 月下旬，苏军损失人员约 700 万，其中被俘 300 多万，损失坦克 24000 辆，飞机 16000 多架。

“巴巴罗萨”计划期间，武装党卫军士兵奉希姆莱之命执行种族灭绝政策

面对优势德军，苏联红军进行了艰苦卓绝的斗争。骄横不可一世的纳粹在俄罗斯广袤的国土上，遭遇到二战爆发以来前所未有的拼死抵抗。一位德军将领无奈地写道：“苏联人民是坚强的，苏联军人则更坚强，他们似乎有无限的服从性和忍耐力。”据统计，到 7 月中旬，仅德国陆军就伤亡约 10 万人，坦克损失一半，飞机损失达 1000 架以上。即便如此，纳粹德国在兵力和装备上仍然占据绝对优

势，苏联面临的形势极为严峻。

1941 年 7 月 18 日，斯大林致信给丘吉尔紧急求援，请求英国在欧洲大陆开辟第二战场，以牵制德军下一步行动。斯大林在信中指出：

苏联和大不列颠已经在对希特勒德国的斗争中结成战友。我毫不怀疑，尽管有困难，我们两国将有足够的力量去摧毁我们的共同敌人。

也许我应当说，苏联军队在前线上的形势依然紧张。希特勒出人意料地撕毁互不侵犯条约，以及他突然进攻苏联，这两件事使德国军队占了便宜，苏联军队现在仍然感受它所产生的后果。

苏联军队若不是在基西涅夫、利沃夫、布列斯特、考纳斯和维堡等地区抵抗德军的进攻，而是在敖德萨、卡梅涅茨-波多尔斯基、明斯克区域和列宁格勒的周围进行抵御，那么，德军形势当会更加有利许多倍，这是容易想象得到的。

因此，据我看来，如果能够在西面（即法国北部）并在北面（即北极地区）开辟一个对抗希特勒的战场，那么，苏联以及英国的军事形势将会大大改善。在法国北部开辟战场不但能够牵制希特勒在东欧的军队，同时也会使希特勒入侵英国成为不可能。开辟这一战场是符合英国军队以及英国南部全体人民的愿望的。

我充分了解开辟这样一个战场所遇到的那些困难。但是，我相信，尽管有困难，还是应当开辟这个战场，这不但有利于我们的共同事业，也有利于大不列颠本身。现在是开辟这个战场的最适宜的时刻，因为希特勒的军队已经调到东欧，并且还没有来得及巩固他在东欧占领的阵地。

……

笔者之所以在此几乎全文转引了该信的内容，主要是为了阐明反法西斯战争取得胜利的关键之举——开辟第二战场的来龙去脉。这是斯大林第一次正式提出第二战场问题，此信成为第二次世界大战进程中的重要历史文献之一。此后，苏、美、英盟国之间围绕着第二战场开辟的时机、方式等等展开了一场长达数年的博弈。

苏德战争爆发时，英国在地中海和中近东地区被德国打得几乎无还手之力，面临的形势极为困难。希特勒突然将战火烧向东方，这对英国首相丘吉尔来说简直有如释重负之感。6 月 22 日晚 9 时，丘吉尔发表广播演说，向全世界宣布，面对纳粹德国对苏联的疯狂进攻，“我们要对俄国和俄国人民给予力所能及的一切援助。”

次日，美国代理国务卿威尔斯发表声明，表示支持苏联，他说：

美国人民目前的问题是：希特勒正在拼死努力征服世界，残忍奴役一切人民……

因此，美国政府认为，任何防御希特勒主义的办法，任何集中力量——不论这种力量来自何方——的行动都将加速德国现在的领袖逃不掉的失败，并因而有利于我们自己的国防和安全。

在今天，对美洲各地的主要危险是希特勒的军队。

声明的最后一句话是罗斯福总统用铅笔亲自加上去的。

6月24日，罗斯福在记者招待会上再次申明，美国准备给予俄国一切力所能及的援助。

1941年7月12日，苏英两国在莫斯科签署了对德联合作战协定，8月16日，两国又签订了贸易、贷款协定，英国向苏联提供1000万英镑的贷款。

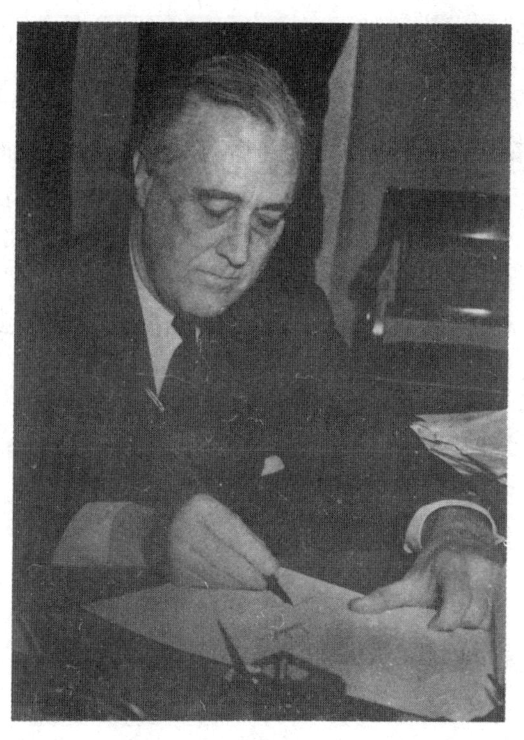

1941年3月11日，美国参、众两院通过的《租借法案》经罗斯福总统签署后生效，该法案的通过彻底结束了美国多年来在外交上奉行的孤立主义政策。从此以后，美国为战斗在第一线的反法西斯国家提供了源源不断的战斗和生活物资

1941年8月14日，罗斯福和丘吉尔在北大西洋纽芬兰阿金夏海湾的奥古斯塔号军舰上举行大西洋会议，发表了《大西洋宪章》，宣称两国不承认法西斯国家通过侵略所造成的领土变化，表示了反对纳粹暴政的决心。苏联也发表声明表示支持。紧接着9月29日至10月1日，苏、美、英三国在莫斯科签订了美英两国以武器装备支援苏联的第一个议定书。这表明，尚未参战的美国，已经与正在同法西斯浴血奋战的苏、英两国站在一起，在政治、经济、军事等方面开始联合行动了。太平洋战争爆发不久，1942年元旦，26个国家在华盛顿举行会议，共同签署了《联合国家宣言》，所有签字国保证运用本国全部军事和经济资源，反对德意日轴心国及其附庸，尽一切努力取得全面胜利，以"捍卫本国和他国的生存自由、宗教自由、人类权力和人类正义"；保证互相合作，不单独同敌人缔结停战协定或和约，等等。至此，国际反法西斯统一战线，经过战争的洗礼，终于形成。

苏德战争爆发后，随着二战规模的进一步扩大，美英两国领导人为协调反法西斯策略，于1941年8月在大西洋上举行会议，最终签署了《大西洋宪章》。图为罗斯福（前左一）和丘吉尔（前左二）在签字仪式上

斯大林在7月18日的信中委婉地向丘吉尔表达了苏联对于同希特勒结盟一事的歉意，同时反复强调第二战场对于苏、英两国的重要性。丘吉尔在7月20日回信斯大林，在认同开辟第二战场重要性的前提下，以力量不足为由，拒绝了苏联的要求。事实上，当时的英国也确实无力开辟第二战场。

太平洋战争爆发后，美英根据先欧后亚的战略方针，在远东地区对日军只限于牵制作战。美军在1942年6月的中途岛海战中，以微小代价，重创日本海军，日本从此丧失了战略主动权，太平洋战争出现了重大转折。

对日作战的转机，以及苏联的一再敦促，令美英将开辟第二战场的计划提上日程。1942 年 4 月 1 日，美国总统罗斯福批准了陆军总参谋部制定的“西欧作战计划”，也称“马歇尔将军的作战计划”，美英军队准备采取联合行动，于 1943 年向法国发动大规模进攻，该计划得到了英国初步同意。但是在时间和地点上，美英两国却各执己见。地中海南侧的北非和西亚，战略地位非常重要，不仅是重要的石油产地，更是大英帝国得以维系的生命线和“腰带扣”，英国将其视为仅次于本土的第二战略重点。丘吉尔认为，在北非英军正在与敌人进行作战，而且取得了一定成果，由于可以从在摩洛哥、阿尔及利亚的维希法国军队手中夺取非洲沿海地区，盟军将在地中海区域获得更多的战略机遇，在此发动一场战役，同样可以吸引苏德战场的德军力量，实现支援苏联的目的。

丘吉尔的方案遭到了美国军方的反对。他们认为英国的战略似乎更有利于维护大英帝国的利益，而不是为了打败德国。因此，他们主张在西欧对纳粹德国进行牵制性进攻。在这一点上，美国总统罗斯福显示出其作为政治家的胸怀和战略眼光。罗斯福认为，盟军内部的政治所起的作用比任何战略理论都更为重要。美国对第二战场——无论这个第二战场是什么——所承担的责任对于唤起同盟国的战斗意志，具有非常关键的作用。他希望美国部队在 1942 年就对德国采取大规模的军事行动。

经过一系列磋商、说服，罗斯福在 1942 年 7 月做出决定，派遣美国作战部队同英军一道开赴北非。

斯大林急切盼望在法国北部或北极地区开辟第二战场的想法虽然暂时未能实现，一直要拖到 1944 年，但美英盟军毕竟积极行动了起来。

1942 年 7 月 24 日，美英两国军方高层经过协商推出了“火炬”行动计划。即，在 10 月 30 日以前，两国军队组成盟国远征军，在北非发动一次大规模进攻。

盟军方面对法属北非政权的态度颇为忧虑。那里是维希法国政府的殖民地，而美国还保持着同维希法国的外交关系。罗斯福期望法属北非政权能够与盟军合作，不必付出太大代价就获得这块战略要地，否则盟军登陆后将面对的是一支不可小觑的力量——充满敌意的 20 万维希法国军队。英国由于支持戴高乐将军领导的自由法国运动，和维希法国的关系比较紧张，英军和维希法军已经在奥兰、叙利亚一带爆发了公开冲突。因此，法属北非政权的反英情绪非常强烈。为了争取法属北非主动媾和，盟军方面采取了两项主要措施：

首先，“火炬”行动打着美军旗号，形式上表现为纯粹的美国军事行动。

其次，对戴高乐的流亡政府严格封锁消息，既是为了防止泄密，更是出于一旦自由法国参与行动将招致法属北非极度反感的考虑。为此，罗斯福专门致信丘吉尔：

任何使戴高乐参与“火炬”计划之举，均将对我们努力争取在非洲的大部分法军归附我方远征军的工作产生不良影响……因此我认为你在登陆成功之前，还是不把有关“火炬”计划的任何情况告知戴高乐为宜。

罗斯福的上述做法，再加上美国对同戴高乐对立的法国将军亨利·吉罗的支持，使得日后反法西斯阵营中，美法之间龃龉不断。

8月，盟军参谋长联席会议正式任命艾森豪威尔为盟国远征军总司令，负责北非战事。艾森豪威尔上任后很快组建起一支精干的参谋队伍，对“火炬”行动计划进行细化。

1942年，艾森豪威尔在北非

首先需要确定的是主攻方向。早在1942年初，美英两国就提出过一个“体育家”计划，准备由美军单独进攻卡萨布兰卡，但很快就放弃了。登陆地点必须在承担空中掩护任务飞机的航程之内，否则护航舰队很可能成为直接暴露在敌人轰炸机之下的活靶子。经过反复比较，盟军决定兵分三路在卡萨布兰卡、奥兰和阿尔及尔三地实施强行登陆。

其次，是何时进攻最为适宜。英国方面根据北非战场态势和气候条件因素，提出争取在10月31日行动。9月8日，艾森豪威尔和他的副手克拉克与丘吉尔共进晚餐，再次讨论“火炬”行动的最后期限。美方认为应该在11月4日前后，丘吉尔要求盟军远征军司令官表态，艾森豪威尔告诉首相：60天之后，11月8日，美英两军将开展本次世界大战中的第一次联合作战。9月22日，艾森豪威尔提出的行动日期最终确定下来。

最后，是兵力调配。美英经过协商决定，三路进兵的东线部队：主要由英军组成，在美军将领查尔斯·赖德将军的指挥下，进攻阿尔及尔；中线部队由美军将领劳埃德·弗雷登道尔指挥，进攻奥兰；东线部队的指挥官由巴顿担任。

相关链接：

奥古斯塔号军舰：

二战期间美国“北安普敦级”重型巡洋舰主力舰之一。该舰1930年下水，二战期间参与了诸多重大行动：1941年8月，作为罗斯福总统的座舰参与了大西洋会议；1942年11月，作为巴顿将军的座舰参加了火炬行动；1944年6月，作为布莱德雷将军的座舰参加了诺曼底登陆；1945年2月，运送参加完雅尔塔会议的罗斯福总统回国；1945年7月，运送参加波茨坦会议的杜鲁门总统，等等。此外，奥古斯塔号还参加了在此期间的多次军事行动，为陆军提供火力支援。该舰标准排水量9000吨，全长183米，宽20米，核定载员617人，最大航速32节，配有203毫米口径主炮9门，127毫米口径副炮8门，12.7毫米口径机枪8挺。1945年10月，奥古斯塔号巡洋舰完成运送美军赴欧人员回国的任务后，光荣退役。

/ 前尘往事 /

1885 年 11 月，巴顿生于加利福尼亚州南部，一个有着光荣历史传统的军人世家。巴顿出生后，父母按照西方拥有高贵血统家族的习俗，为他起了一个和祖父一模一样的名字，乔治·史密斯·巴顿，人们经常称呼他为小巴顿或者小乔治。为了便于区别，巴顿的祖父，老巴顿，则被称为巴顿上校。南北战争期间，老巴顿强烈反对废除黑奴运动，和自己的叔伯兄弟一道组建了一支南军部队参战。在战争中，老巴顿不幸阵亡。家族传统强烈地感染着小巴顿，他曾写道：我家族的祖先一直在催我奋进。如果我稍有迟疑，就有可能玷污我的血统。

巴顿长大后，先后就读于维吉尼亚军事学校和西点军校。1909 年从西点军校毕业后，他被分配到伊利诺伊州的谢里登堡任骑兵少尉。在此期间，与比阿特丽斯举行了盛大的婚礼，不久后他们的第一个女儿诞生了。1911 年，巴顿被调到位于弗吉尼亚迈尔堡的美国陆军参谋部，担任陆军参谋长伍德将军的随从副官。

次年夏天，他作为美军代表参加了第五届奥林匹克运动会的五项全能比赛，由此结缘于法国骑兵使用的直剑。巴顿发现：

……法国士兵和我们一样频繁地使用刀，不同的是他们对刀的使用是经过严格训练的……新型法式军刀是一种理想的责任武器，能够完美地适用于刺杀……它把力量减少到最低程度，因而也更安全。我已经用了很久军刀，因此我相信我的观点是建立在实践认识的基础上……法国人使用刀尖的频率比我们高得多……

作为一名优秀的下级骑兵军官，巴顿敏锐地意识到，在战斗中法国骑兵运用直剑式军刀可以轻而易举地刺杀敌人，动作轻巧而敏捷。相比之下，受弧形军刀的限制，美国骑兵在马上只能做劈、砍等幅度较大的动作，在战场上一秒钟的耽搁，可能就会决定整个战役的胜负。他认为应该以法国直剑式军刀替代美军现役弧形军刀，并就此专门撰写了一篇论文，发表在美国军界颇有影响的《陆军和海军月刊》上。文章一经问世，立刻引起了有关方面的关注。在巴顿个人和一批热心改革军刀的有识之士呼吁之下，伍德将军要求按照巴顿提供的样式打造两万把军刀。新型军刀问世后，好评如潮，立刻投入批量生产，配发到骑兵部队中。

“巴顿剑”的大名一时传遍军中。

1913 年 10 月，巴顿被派到堪萨斯州赖利堡骑兵兵种学校，学习骑兵课程的同时，兼任剑术教官。在校期间，美军骑兵委员会还聘请他参与起草新式军刀的使用条例。1914 年 3 月，巴顿编写的《军刀训练》由美国陆军部批准出版。不仅如此，他的剑术课也教得有声有色，巴顿成为美国陆军公认的剑术第一专家，并获得“剑术大师”的荣誉称号。

青年巴顿

真正的军人，时刻渴望着上阵厮杀，渴望着战火洗礼，渴望用敌人的鲜血染红自己的军旗。巴顿血液中流淌着军人世家的因子，他像一头不安分的小兽，焦躁不安地期盼战争来临。

第一次世界大战爆发，巴顿兴奋异常，想早日奔赴战场。但是，美国政府一直奉行的“中立政策”，令他失望之极。

1916年，机会终于来了。墨西哥反政府武装袭击了美国新墨西哥的哥伦布城，10几名美国人被杀。美国派出潘兴将军率部队进行“惩罚性远征”。巴顿作为潘兴的副官，参与了这次军事行动。在一次小规模遭遇战中，巴顿亲手击毙了两名敌军，谁料其中竟然有对方重要首脑人物卡德纳斯。紧接着，在敌方的包围下，巴顿奋勇向前、左冲右突，硬是杀出一条血路，顺利到达目的地。这是巴顿首次参加实战，虽然规模很小但也称得上惊心动魄，巴顿非常兴奋，这才是他向往的军人生活。此战令他一战成名，相关报道和潘兴将军的表彰，让小巴顿英勇无敌的形象几乎为所有美国人所熟知。与潘兴将军在这次军事行动中所结成的真挚情谊，更对巴顿的后半生产生了极为深远的影响。潘兴对巴顿在军事方面所展露出的才能以及过人的军事素质和胆量，极为欣赏。他经常对人说，巴顿是自己认识的最为坦率更是最出色的骑兵之一。而巴顿则从潘兴身上学到了如何做一名优秀的高级指挥员。

1917年4月，美国对德宣战。巴顿翘首以盼的战争，终于到来了。

潘兴被任命为美国远征军司令，率部赴欧洲参战。巴顿作为司令部人员随行，负责管理潘兴先遣队的传令兵和其他人员。虽然远离战场，但是上级赋予巴顿的一项使命，却令他兴趣盎然。潘兴要求巴顿和其他年轻参谋组成一个小组，对英、法两军的战术和武器装备展开研究。坦克作为一种新型武器，引起了广泛的关注。但遗憾的是，几乎所有人包括巴顿在内，并没有意识到坦克在未来战争中将发挥的巨大作用。潘兴虽然未能准确预测坦克的将来，但作为职业军人的他，还是清醒地意识到这种新型武器在战场上有可能发挥特殊功效。潘兴决定组建美军的第一个坦克团。1918 年 1 月 26 日，坦克部队正式成立，巴顿有幸成为美军首位装甲部队指挥官。1918 年 9 月 12 日，巴顿率领美军坦克部队首次参加战斗，经过炮火准备之后，美军坦克配合步兵向德国人据守的阵地发起进攻。大雨将道路变得泥泞不堪，坦克行进非常困难。巴顿亲自率领 5 辆坦克前进，其中 2 辆陷在烂泥中无法动弹，他只好带着剩下的 3 辆继续前进，没承想又有 2 辆坦克因为机械故障而抛锚。巴顿跳上最后一辆坦克，亲自向敌阵冲去。德国人被这个鲁莽而勇敢的年轻美国军官吓得毫无斗志，纷纷缴枪投降。巴顿坐在坦克顶上，继续攻击下一个小镇，不幸中了德军埋伏，他跳下车躲进一个不深的弹坑里。德国人用机枪封锁住去路，巴顿被困住了。情况很危险，巴顿冷静地判断了形势，如果在弹坑里死等援军，只能是坐以待毙，必须想办法出去。趁德军机枪更换弹夹的间歇，他猛地跳出坑外，沿着之字形躲避敌人的射击，终于逃出了德国人的机枪射程。和援军汇合后，巴顿立刻组织兵力掉头反击，最终以缴获德军火炮 4 门，机枪 16 挺的优异战绩，为美军坦克首次参加实战画上了一个完满的句号。虽然为此颇感骄傲和自豪，但是巴顿心中非常清楚，由于敌人抵抗较为微弱，坦克的战役战术价值并未得到完全体现。

美国著名军事家、陆军特级上将潘兴将军。马歇尔、巴顿等美军高级将领都曾得到他的提携

虽然巴顿对美军坦克的首秀不是很满意，但其他将领可不这么看，坦克所展现的威力令美军上下对这一新型武器刮目相看。有“大红一师”之称的美陆军第一师师长萨默罗尔在给巴顿的信中，颇具文采地写道：

在困难的条件下，在极度恶劣的环境中，在泥泞里，坦克的雷霆攻击让人记忆犹新……将军们都认为坦克挽救了许多美国士兵的生命并为获得战争的胜利做出了巨大贡献。

潘兴和其他不少将军都向巴顿表示祝贺，为他的勇敢和坦克部队所取得的战绩而赞叹。

9 月 25 日，巴顿率领坦克部队再次投入战斗。由于受到道路泥泞的影响，坦克前进受阻。巴顿跳出车外，亲手拿起一把铁锨组织士兵挖开路上的烂泥，使得坦克得以顺利通过。很快坦克在隆隆声中冲向敌阵，巴顿带领士兵们紧随其后徒步发起冲锋，在他的感召下，周围的士兵们勇气倍增，正在这时，突然德国人的机枪响了起来，弹雨中好几名美军官兵倒在了血泊中，其中就有巴顿。满身血污的巴顿被紧急送进野战医院，经医生检查发现，还好只是腿部受了轻伤。后来在给自己父亲的信中，巴顿写道：

我一直害怕自己是个懦夫，现在我开始确信自己并非如此。我们的教育一直在灌输死亡的可怕，这是错的。这并非说明我向往死亡，而是我并不畏惧死亡，它不会妨碍我尽到应尽的责任。

巴顿还未痊愈，一战就结束了。由于他在战争中的杰出表现，因而荣获了“杰出服役十字勋章”和“服役优异勋章”。嘉奖令中写道，巴顿在指挥部队前进中表现出超人的勇敢、冷静和机智。他将一支瓦解了的步兵集合起来，率领他们伴随着坦克，冒着敌人猛烈的炮火勇敢冲锋。在负伤后，仍然坚持指挥作战，直到将一切指挥事宜交接完毕。

1919 年 2 月，巴顿率部经马赛回国。

回国后，雄心勃勃的巴顿准备在美军中扩编装甲部队，为美利坚合众国打造一道钢铁长城。但时过境迁，和平年代的美国政府希望尽快恢复到正常状态，别说扩编装甲部队，就是常规部队也要尽量压缩。马歇尔、麦克阿瑟、艾森豪威尔，当然也包括巴顿等一批在一战中冉冉升起的将星，刚刚开始闪烁出光芒，便很快消失在人们的视野之中。

1920 年 6 月，美国国会通过了《国防法案》，将美国陆军人数裁减至 28 万人，1922 年再次削减至 12.5 万人。尤其让巴顿失望的是，《国防法案》规定坦克兵属于步兵，不再作为独立的兵种存在，坦克兵以连为单位由步兵司令统一指挥。1920 年 9 月底，巴顿被迫告别心爱的坦克，来到迈尔堡，重返骑兵部队，担任骑兵第 3 团中队长（作者注：相当于步兵营营长）。

和平年代到处一派歌舞升平。巴顿对征战杀伐的渴望无处宣泄，他把旺盛的精力几乎全部倾注在读书和体育运动上。据不完全统计，从一战结束回到祖国至 1934 年为止，巴顿参加全国各地举办的各种规模的马术比赛中，共获得 400 块奖牌和 200 个奖杯。巴顿参加赛马比赛还发生过一段“英雄救美”的小插曲。1922 年夏天的一个晚上，比赛结束返回旅馆的路上，三个大男人似乎正试图把一个少女推上一辆卡车，巴顿感觉情形可疑，立刻赶上前去，用手枪指着那三个家伙，强令他们放开少女。经过解释，才清楚，原来少女是其中一个男子的未婚妻，三个小伙子正准备帮着少女登上一辆卡车。得知真相后，巴顿异常尴尬。后来，有人问起，为何参加赛马比赛还要随身携带手枪时，巴顿答道：我一直主张有备无患，随时都会携带武器，即便是系着白领结穿着燕尾服也不例外。

除去运动之外，巴顿把主要精力放在读书上。他买了很多军事、历史方面的图书，如饥似渴地从中吸取着养分。阅读，激发了巴顿对诸多军事问题的深度思考，他开始提笔撰文，先后在《骑兵杂志》《步兵杂志》等刊物上发表了很多论文。

1923 年上半年，巴顿进入赖利堡骑兵学校高级班学习，由于学习努力成绩突出，1924 年，巴顿作为该年度荣誉学生被分配到参谋团工作。此后作为参谋团军官，他先后 5 次到夏威夷任职，先后担任情报处、人事处、计划与训练处处长等职。

1938年8月，巴顿被晋升为上校，同时调任克拉克堡指挥第5骑兵团。克拉克堡位于德克萨斯州，一战前后其重要性逐渐丧失。当时美军内部认为如果哪位指挥官被派往克拉克堡，那么说明他的军事生涯即将结束，剩下的事情就是等待退休。53岁的巴顿上校，心情异常沉重地来到了这里，不知道怎么打发以后的时光。

人生总会有很多事情难以预料。巴顿尚未完全适应克拉克堡的生活，他的军事职业生涯便出现了重大转机。马歇尔奉命出任美国陆军副总参谋长，立刻决定启用巴顿。1938年11月底的一天，巴顿突然接到陆军部的调令，称：解除巴顿所任职务，立刻前往华盛顿报到。鉴于1938年的国际军事形势，马歇尔认为美国陆军迫切需要尽快组建一支坦克部队，他首先想到的就是有美国军队中"第一坦克手"之称的巴顿。马歇尔对巴顿的青睐源于巴顿在一战中的突出表现，而且两人在军事思想上有很多共通之处。据说发调令之前，马歇尔跟身边的副官说：我要把巴顿调到离华盛顿近一点的地方，以备需要时随时召唤。这种青睐与欣赏，令两人的友谊历久弥新，巴顿在第二次世界大战中能够平安度过多次个人危机，几乎都与马歇尔的支持分不开。当然这是后话。

很快，巴顿来到迈尔堡出任要塞司令。他的军事生涯开始了崭新的一页。

相关链接：

M1911 系列柯尔特手枪：

2010 年由姜文导演、主演的电影《让子弹飞》风靡一时，剧中姜文扮演的主人公张麻子手持两柄短枪百发百中，煞是威风。该枪便是美国历史上、也有可能是世界历史上服役时间最长的一款制式手枪——M1911 柯尔特手枪。M1911 柯尔特手枪从 1912 年正式列装部队到 1985 年被伯莱塔 M9 手枪所代替，服役长达 73 年。M1911 性能精良，火力威猛，以至于换装时遭到了美国海军陆战队的强烈反对。M1911 以及它的改进型 M1911A1 手枪，几乎参与了近代以来美国所有对外的军事行动，包括海湾战争期间人们还能频频见到它的身影。美非战争期间（1896 ~ 1902 年），美军装备的转轮手枪无法满足战场需要，M1911 应运而生。1911 年 3 月 29 日，由勃朗宁设计、柯尔特公司生产的 0.45 英寸（11.43 毫米）自动手枪被选为美军制式武器，并正式命名为“柯尔特 M1911 0.45 英寸自动手枪”。并于 1912 年 4 月开始装备部队，成为美军装备的第一支半自动手枪。经过一战的洗礼，柯尔特公司对该枪进行了改进，推出 M1911A1 型手枪，口径：11.43 毫米；7 发弹匣供弹；有效射程：50 米；枪全长：219 毫米；枪全重：1.13 公斤。由于该枪拥有 11.43 毫米的口径，因此杀伤力巨大，而且可靠耐用、维护简单，深受使用者喜爱。二战期间，美国生产了250余万支M1911系列手枪。二战期间，支援中国战场的美军陈纳德飞虎队的飞行员，几乎人人佩戴此枪，再加上它的曲尺形状，因此它在中国又有“航空曲尺”之称。

/ 卡萨布兰卡 /

第二次世界大战爆发后，美国虽然远离战火，但也不敢掉以轻心，立刻开始着手整顿军备。1940 年 7 月 10 日，美国陆军决定组建一支装甲部队，巴顿负责指挥其中的一个旅。几周之后，巴顿被任命为陆军准将，前往本宁堡筹建部队。巴顿到任后，立刻以极其狂热的态度投入到工作当中，他陆续解决了兵员、装备等问题，并亲自为美军坦克兵设计了一套独特的制服——墨绿色的制服镶有红边儿，配有橄榄球头盔式的钢盔。当巴顿穿着这套别出心裁的军装出现在人们面前时，全场哗然，爱开玩笑的人们大呼：看啊，绿色大黄蜂。虽然这套军装最终没有被批准成为制式装备，但是巴顿还是为自己的独到设计感到洋洋得意。

在巴顿的全力打造之下，美军装甲部队在 1941 年的全军大演习中表现优异，给马歇尔等军中要人留下了深刻的印象。

演习结束后不久，珍珠港事件爆发，美国参战，第二次世界大战规模进一步扩大。

“火炬”计划制定前后，马歇尔召见了巴顿。明确告诉他，美军将在年内向轴心国发起攻势作战，就目前的情况来看，这是最好的办法。并要他做好参战的准备。马歇尔指出，这将是美国历史上规模最大的一次远征，而巴顿也将成为率领美军参加二战的第一位美国将军。

1942 年 10 月 20 日，巴顿得到罗斯福总统的召见。总统反复强调，美国的目标就是要彻底击败轴心国，把纳粹从这个地方赶出去。巴顿热血沸腾，用近乎叫嚷的声音向总统保证道：阁下，我只是想对您说，我决心在海滩上不成功便成仁。

“火炬”行动之前，英国海军少将哈罗德·巴勒斯爵士在他的旗舰上向参战将领详细讲解作战计划

即将踏上征途，多年的梦想就要实现了，巴顿的心情激荡不已。同时，作为一名军人，他的内心异常清醒：荣誉和勋章背后是无数生命与鲜血，一将功成万骨枯。在死神面前，身经百战的宿将和刚刚学会放枪的新兵是完全平等没有任何区别的，都将随时直面死亡。

从罗斯福总统那里回来后，巴顿就写下了自己的遗嘱。同时，他还给夫人比阿特丽丝写了一封情深意切的长信，要求妻子只能在确定自己真的死了之后才能拆开。大有壮士一去不复还的悲壮。

此后，巴顿向自己的亲人、师友一一告别。他先到西点军校看望了正在那里读书的大儿子，又抽时间拜访了陆军部长史汀生、总参谋长马歇尔将军。最后，他来到沃尔特·里德医院探望病中的潘兴将军。昔日里杀伐决断、英武精干的英雄如今已垂垂老矣，巴顿非常伤感地写道：这很可能是我最后一次同他见面，但我可能死在他的前头。1916年他把我带到墨西哥，是他给了我起点……临别时，巴顿亲吻了潘兴的手，老将军一脸肃穆，虔诚而庄重地为自己的老部下祈祷：再见，乔治，上帝保佑你，维护你，赐予你胜利。

23日傍晚，巴顿登上休伊特将军的旗舰“奥古斯塔”号，准备次日一早起航。从这天开始，巴顿几乎每天都把自己的战斗经历记录下来。当晚，他写道：上帝保佑，我要对部属和我本人尽全部责任。之后，他的心情难以平复，又提笔给爱妻比阿特丽丝写了一封信：比，我时刻都想着你，爱着你……

1942年10月24日上午8点，由102艘舰船组成的，美国历史上第一次从本土派往海外的最大规模的特混舰队，搭载着2.4万名官兵，从弗吉尼亚州诺福克港口起航，浩浩荡荡驶向大洋深处。休伊特指挥若定，将保密工作做得非常好，舰队一路上进展顺利，在海上航行了10多天，竟然没有遭遇一次敌情。船上的伙食很棒，巴顿一直担心会吃胖，他在信里告诉妻子，自己每天早晨都会做大量的运动，在舱房里做引体向上、原地跑等等，以消耗掉摄入的多余的热量。如果不是看到士兵们头戴钢盔、腰扎皮带进入站位，这简直就是一次轻松愉快的假日之旅。在船上，巴顿向自己的部下发出指示：要采取压倒式作战的战略，在行动路线和方法上，一旦决定就要坚持到底。但是在战术上要灵活，攻其不备，牵住他们的鼻子狠狠踢他们的要害之处。直到远征舰队已经驶向北非之际，盟军高层也无法准确判断登陆地点的法军是个什么态度。巴顿特地向部下阐明了应当如何面对法军：如果法军抵抗，就歼灭他们；如果他们缴枪投降，就要对他们平等对待。小伙子们你们要搞清楚，法国人不是德国人或者日本人。

巴顿一直对海军抱有成见，他曾抱怨说：在历史上，海军从来没有准时把陆军运送到预定的登陆地点。但这次不同，巴顿和休伊特相处得非常融洽，这在巴顿与人相处的历史上不能说罕见，至少也是非常难得的。11月6日，距离登陆只有两天了，有消息传来：据气象部门报告，摩洛哥沿海刮起了大风，掀起的海浪高达4.5米。在这样恶劣的天气下，实施登陆作战，几乎是无法想象的。巴顿得知后，暴跳如雷，指天骂地，自己朝思暮想的战争就在眼前了，却被这鬼天气再次推入了遥遥无期的等待之中，天晓得这风会刮到什么时候。心情万分沮丧之余，巴顿不禁慨叹命运多舛，他在日记中写道：

我几乎情不自禁地想到，我的全部生活都指向这一时刻。我估计，这项使命完成后，我将走向命运阶梯的下一步。虽然我本人过于雄心勃勃，但我此时所要做的一切不过是尽到我的全部责任。

休伊特将军是一位老水手了，他请巴顿少安毋躁，并解释说这个季节摩洛哥沿海的天气变化无常，很有可能舰队还没有看到地平线，风就已经停了。

11 月 8 日凌晨 2 点，巴顿来到甲板上，兴奋得简直要跳了起来。真的如休伊特所言，海面上风平浪静。巴顿亲自率领第 3 师担任主攻方向的任务，登陆点选在距离卡萨布兰卡 24 公里的费拉达。那里是摩洛哥在大西洋沿岸唯一设施良好的港口。岸上的灯火隐约可见，巴顿下令，所有船只熄灭灯光，隐蔽前进。在浓浓的夜色中，美军难以保持原有队形，海面上出现了混乱，很快便被岸上的法军发觉，立刻开炮向海上猛轰。天亮以后，大概 7 点钟左右，从卡萨布兰卡方向开出 6 艘法舰，向美军编队驶来，美军军舰立刻开炮迎击。敌人的炮火非常猛烈，巴顿正站在主甲板上观察敌情，一发炮弹落在舷边，激起的海水把他的全身都打湿了，幸好没有受伤。卡萨布兰卡的法国军队拒绝投降，那就只有打下去了。

12 点 42 分，巴顿从奥古斯塔号军舰上下到登陆舰中开始登陆，13 点

20分他踏上了北非的土地。

滩头的情况比想象的还要糟糕。巴顿巡视了一周发现：

情况简直糟透了，船只不断驶来，但在卸货之后无人把船推开。法军不断炮击，法国飞机也在海滩上空扫射。虽然每次扫射都离目标甚远，但我们的人总要隐蔽起来，因而耽误了卸货工作的进行，特别是弹药的卸载。这些弹药是非常急需的，因为我们的部队正在不远处进行着一场重大战斗。

刚刚上岸的美国士兵浑身精湿，既要不停地工作——抢救伤员、通信联络、设立指挥部、修筑简单工事……又要对付法军来自地面和空中的袭击，可以想象这场面的混乱程度。一个正在推船的士兵被敌机轰炸吓破了胆，在海滩上乱跑乱叫，巴顿赶过去照他的屁股上就踢了一脚，那个士兵很快就恢复镇定，跑回去继续干活了。一个中尉难以聚拢自己的部下，巴顿上前教训了他一顿。还有一个士兵在干活时偷懒，被巴顿发现后揍了一顿。这种混乱的局面如果不立刻制止，不用等到法国人打过来，美军自己就把自己打败了。巴顿当即下令，调整部署：首先，登陆舰停止在此登陆，转移到附近的其他港口；其次，各部队长官迅速就位，组织部队按原计划行动；最后，号召士兵们镇定，当务之急是归还建制，再勇敢的战士没有组织，也只能是一盘散沙。

很快，在巴顿的指挥之下，滩头的美军稳住了阵脚，各种工作开始有序地开展。等到日落时，所有登陆部队基本按照原计划到达了预定地点。

登陆当晚，巴顿住进了米拉玛酒店，房间很不错，但是由于遭到了炮击，水电都停了。

11 月 9 日天一亮，巴顿一身戎装、威风凛凛地站在海滩上，高大魁梧的身材在朝阳映射下就像一尊天神，令所有士兵敬畏不已。他吼着叫着骂着，催促部下的小伙子们加快装卸速度，关键时刻他也跳进齐腰深的水里，和士兵们一起推船。巴顿的出现极大鼓舞了美军士气，滩头的各项工作进展很快。按照常理，这的确不是高级指挥官应该做的事情，可巴顿认为高级指挥官应该将 80%的精力放在如何激励士气上。巴顿觉得这一天过得非常有意义，他认为“对于最后登陆的成功，我起了相当大的作用。这是我在整个摩洛哥战役中唯一值得提起的一段插曲”。

巴顿受阻之际，其他两路美军进展却较为顺利。阿尔及尔的法军司令在美军登陆当天就停止了抵抗，在奥兰经过一场激战法军投降。10 日，巴顿收到艾森豪威尔的一封电报，措辞颇为强硬，盟军最高统帅质问道：

亲爱的乔治……唯一的硬核桃就在你的手里。阿尔及尔两天就成为囊中之物，奥兰也是同样。迅速砸开硬核桃，请问你还需要什么？

海军上将达尔朗是维希法国在北非的实权人物，如果做通了他的工作，那么法属北非将不战而降。丘吉尔曾对艾森豪威尔说：

尽管我非常恨达尔朗，但如果他能带着他的舰队加入到盟军这方面来，那我也乐意膝行一英里去见他。

历史有时候就是这样的巧合。这时，达尔朗正在阿尔及尔探亲，他心爱的儿子得了急病。经过美国驻阿尔及尔总领事罗伯特·墨菲等人的协调，达尔朗最终与盟军达成停战协定。

维希政府的重要人物，法国海军上将弗朗索瓦·达尔朗

11 月 11 日，是巴顿 57 岁生日。巴顿打算一早即对卡萨布兰卡发动进攻，为自己庆祝生日。没想到凌晨 3 点多，两名打着白旗的法国军官前来谈判停火事宜，这份意外的生日礼物令巴顿兴奋异常。在接下来的谈判中，巴顿要求法军必须马上投降，否则将遭到毁灭性的打击。美军部队已经准备就绪，随时可以行动。法军谈判代表离开后，巴顿便安静地等待消息。很快消息传来，法国人正式宣布投降。

下午 2 时，维希法国卡萨布兰卡守军司令来到巴顿的驻地，谈判停火事宜。巴顿特地安排法国代表检阅美军仪仗队以示友好。会谈以巴顿致辞颂扬法军勇敢精神开场，以香槟酒干杯而结束。

……

11 月 13 日，盟军同达尔朗达成最后协议，法属北非政权与盟军合作，盟军承诺不干涉法国对北非的行政控制，吉罗负责指挥法国在北非的所有部队。不久西非也被盟军所争取过来。

希特勒对盟军的登陆行动事先虽然毫无准备，但盟军刚一行动他就迅速做出了反应。他命令德军占领维希法国，同时派出部队赶在盟军之前占领了突尼斯和比赛大港，紧接着通过海空运输将部队源源不断送去增援。事实上，自火炬行动实施成功之日起，就已经敲响了德意在北非的丧钟。东面是蒙哥马利率领的英第 8 集团军，西面是刚刚登陆的美英军队和已经加入盟军阵营的法军，北面是被盟军牢牢控制着制海权的地中海，南面是一望无际的撒哈拉大沙漠。非洲军团已无处立足。

隆美尔得知盟军在北非登陆，对其东西夹击之势已然形成，沙漠之狐不禁仰天长叹，大事去矣。隆美尔亲自致信希特勒，详细阐述了北非战场的敌我态势，提出目前最为明智的选择是将北非这些百战精兵撤回欧洲大陆，以充实其他战场。希特勒没有采纳隆美尔的建议，于 1942 年 12 月 9 日，把在突尼斯的德意部队编为第 5 装甲集团军，从苏联前线调于尔根·冯·阿尼姆将军到突尼斯，接替隆美尔，以便让他回国养病。在阿拉曼战役中失利的隆美尔率非洲装甲集团军的 7.8 万人（其中德军 3 万人）和 130 多辆坦克狂奔近千公里撤退到利比亚与突尼斯南部交界的马雷特防线，靠近了阿尼姆的部队。希特勒命令隆美尔在巩固了新阵地之后，立即回国治病。隆美尔不愿意灰溜溜地离开北非，他决定在离开前寻找机会发动一场新的进攻，以挽回受损的英名。这时，历史老人给予了隆美尔在北非的最后一次机会。马雷特防线正面是英第 8 集团军，蒙哥马利刚刚占领了的黎波里，发动进攻还需要一段时间的准备，西面的英第 1 集团军和美第 2 军威胁着隆美尔的后方。他决定先从背后包抄击溃美军，而后再掉转头来迎击蒙哥马利，以报阿拉曼一箭之仇。1943 年 2 月 14 日，德意军队发起了代号为“春风”行动的反攻作战。冯·阿尼姆于 2 月 14 日在弗德隘口发起进攻，次日隆美尔的非洲军团向加弗萨附近的美军侧翼展开进攻，向费里亚纳挺进。“春风”行动成功与否的关键在于德意两大主力之间的高效配合上。但是阿尼姆的第 5 装甲集团军和隆美尔的非洲军团同时听命于德军南线总司令凯瑟琳元帅与意大利统帅部，两支部队是平级而非隶属关系。战前，凯瑟琳元帅特地召见两位司令官，商量最高指挥权问题，内定由隆美尔统一负责。为此，凯瑟琳安慰阿尼姆说，之所以让隆美尔全权负责，是因为他很快就将回国，这是为了让他离开非洲前最后再风光一次。谁承想，一语成谶，“春风”行动成为隆美尔在北非舞台乃至二战舞台上最后一次盛装出场，此后这位沙漠之狐再也无缘创造新的辉煌。

德国陆军元帅隆美尔（右）与空军阿尔伯特•凯瑟琳在利比亚

这是美军第一次真正面对德国人。隆美尔神出鬼没的战术让美军大吃苦头。卡塞林山口一战，美军损失惨重，伤亡3000余人，被俘和失踪2400余人，其中就有巴顿的女婿约翰·沃特斯，此外，还损失坦克200余辆。这是美军在北非战场上遭遇的第一次重创，在德军猛攻下，美军防线顷刻间土崩瓦解，引得世界舆论哗然，纷纷对美军的战斗力提出质疑。艾森豪威尔决定临阵换将，撤掉美第2军军长弗雷登德尔的职务，以巴顿取而代之。

美军在卡塞林山口惨败的消息，令巴顿坐卧不安、焦急万分，得知女婿下落不明，他更是觉得万分难过和沮丧。巴顿频繁写信给家里：

约翰·沃特斯那个营被歼灭了，但我们认为他应该还活着。哈蒙现在在那里指挥……一有消息他会立刻向我报告。

1943年2月23日致妻子比阿特丽丝信

当你收到这封信时，你也许已经得知约翰·沃特斯在战斗中失踪的消息了。不过他有可能还活着。以我对他的了解，我不认为他会投降……艾森豪威尔刚才跟我通了电话，他认为约翰在战斗中表现英勇，并给他颁发了“杰出服役十字勋章”。

1943年3月2日致内兄艾耶尔信

……约翰还是有希望活下来的……

如果失踪的是乔治（作者注：巴顿之子），我就不会那么难过了……

我觉得很对不起女儿。

1943年3月2日致妻子比阿特丽丝信

不断安慰着自己的亲人。3月6日，第2军军长弗雷登德尔告诉巴顿，他根据战场情况判断沃特斯还活着，只是被俘了，布莱德雷也是这么认为，巴顿的心这才逐渐踏实下来。3月20日夜里，布莱德雷将已经入睡的新任美军第2军军长巴顿喊醒，给他读了一份电报：约翰·沃特斯安然无恙，被俘。

3月4日下午4点40分，巴顿外出回到司令部后，得知上午艾森豪威尔通知他准备一下，次日一早就去见他。巴顿向艾森豪威尔的参谋长比德尔·史密斯询问，什么事情这么急。史密斯告诉他，可能是接替弗雷登德尔出任第2军军长。听到这个消息后巴顿大喜过望，他早就渴望能有机会跟隆美尔在战场上过过招，“对他的书我不知读了多少遍，研究了他的每一个战役，自认对他了如指掌。我平生的愿望就是与他捉对厮杀。”

3月6日，巴顿正式接任美第2军军长。这里的一切都是乱糟糟的，美军严格的军纪荡然无存，士兵们军装不整，没有人向长官敬礼。见此情景，巴顿大为恼火，当即下令立刻整顿着装和军纪。他一向认为，连军装都无法穿戴整齐的士兵是不可能从容发起进攻的。他严格规定，所有在战区之内的美军人员必须戴钢盔打绑腿，后勤人员也不得例外。违反规定者，军官罚款50美元，士兵罚款30美元，如不服惩戒，直接送交军事法庭。在巴顿的大力整顿下，短短几天第2军的面貌便焕然一新。

根据卡萨布兰卡会议的决定，美英盟军决定在北非战场设立战区，艾森豪威尔任总司令，其副手为英军的亚历山大将军。北非盟军整编为第18集团军群，下辖安德森指挥的英第1集团军、蒙哥马利指挥的英第8集团军、弗雷登德尔指挥的美第2军和部分法军。

巴顿就任后，立刻去面见亚历山大，领受任务。副总司令十分喜欢巴顿的性格，对他极为客气，并表示对他的指挥水平和作战能力早有耳闻。亚历山大在回忆录中对巴顿的形象做了细致刻画：

他是一个活泼的汉子，两边胯下都佩有一把柄上镶有珍珠的手枪。他不像大部分美国人那样友好和温和，他显得咄咄逼人，一提到“德国鬼子”，就激动异常，有时怒不可遏，有时声泪俱下。

经过一番寒暄，亚历山大向新任美第2军军长下达了作战任务：再过两个星期，也就是3月17日左右，蒙哥马利将军将向隆美尔的防线发起进攻，美军担任助攻，尽可能牵制住德意军队以减轻蒙哥马利的压力。其间，亚历山大不厌其烦地向巴顿讲述了美军行动中应注意的细节，不难看出，卡塞林山口失利给美军形象带来的负面影响还没有散去。巴顿对此颇感不快，特别是艾森豪威尔对英军的态度，更令他预感到双方合作必然充满坎坷。

为了加强第2军的领导力量，艾森豪威尔任命布莱德雷作为巴顿的副手，出任第2军副军长。布莱德雷，全名叫作奥马尔·纳尔逊·布莱德雷，1893年出生于美国密苏里州，1915年毕业于美国西点军校，获少尉军衔。后任本宁堡步兵学校教官，成为马歇尔实施教学改革的主要助手。1943年2月，在马歇尔推荐下到达北非，担任艾森豪威尔的助手，不久布莱德雷被派在第2军实际上充当艾森豪威尔的联络官。巴顿到任不久，布莱德雷出任副军长。此后，这两位美军中卓越的军事指挥人才开始在一起为打败纳粹德国而一同奋斗。在以后的战斗中，两人有合作有分歧，个别时候关系还非常紧张，但这并未妨碍他们为战争胜利所进行的共同努力。

布莱德雷目睹了巴顿是如何将第2军迅速打造成为一支坚忍不拔、纪律严明、英勇善战的部队的。他在回忆录中写道：

(巴顿)非常注重军容风纪、礼仪礼貌和外表仪态。他要求每个人无论何时何地，都要系领带，扎绑腿，戴钢盔，他自己就总是身佩手枪，头戴闪闪发光的钢盔。在我看来，这未免有些过于做作，但这就是巴顿的风格。其实一个坚决但可以更成熟、合理的纪律无疑也能达到同一目的，但巴顿是这里的老板，这里的舞台是他的。

巴顿履新不久，便和布莱德雷一起四处视察部队，跑遍了第 2 军所属的 4 个师。每到一处，他便跳下吉普车，以他特有的方式发表演讲，鼓舞士气。一天，他们来到特里·艾伦的驻地。艾伦在沙漠的一小片绿洲上建立了自己的指挥所，他和参谋人员住在帐篷里。为了防范德军空袭，艾伦下令挖了很多战壕掩体。巴顿看了颇不以为然，认为这是胆小怕死之举。他高声喝问，哪一个是艾伦的掩体。得到准确的回答后，巴顿大踏步走了进去，掀开门帘就往里面撒尿。而后，轻蔑地对艾伦说，现在你可以去用啦。这等于直接当着所有上下级的面，指责艾伦是懦夫。他粗鲁的举动让在场所有的人都惊呆了。

这就是巴顿，蛮横、粗鲁、野蛮、无礼。也只有这样性格的人才能率领千军万马义无反顾地杀向敌阵。战争，将一切文明与教养统统扫进尘埃之中。

1943 年 3 月 12 日晚上 9 点钟左右，巴顿正在自己的房间里，他的部下埃迪兴奋地跑进来表示祝贺，刚通过收音机得知巴顿被晋升为中将了。巴顿控制着自己心中的喜悦，微笑着接受部下的祝贺。房间里只剩他一个人的时候，巴顿在日记中记录下自己愉快的心情：

今后，我将身着三星外出工作了。我想起小时候，手拿着木质军刀嘴里喊着“小乔治·S.巴顿中将”。那个时候我还不知道有上将。现在我的目标是四星，我会成功的。

第二天，他给妻子写信，把这个好消息送向大洋彼岸，与自己的爱人共同分享这份快乐：

这一次我做到了，我现在是中将，但中将太多了，以至于这个头衔不再像以前那样吸引人。不管怎么说，我还是很满意。太容易得到想要的东西反而感觉很可笑。

……

这次晋升也许是因为我被派到这里两次指挥战斗而给我的奖励。

……

致好。乔治中将（平生第一次）。

这就是巴顿。简单、质朴、单纯、无邪。也只有这样性格的人才能赢得那些桀骜不驯的美国大兵们近乎盲从式的誓死追随。

1943 年 3 月，盟军在北非从兵力、装备、士气等各方面已经占据了绝对优势，即将对德意军队马雷特防线展开的进攻可以说毫无悬念，稳操胜券。隆美尔认为非洲军团继续留在这里等于自杀，他反复向希特勒提出应该组织一次类似敦刻尔克的大撤退，但遭到了拒绝。3 月 9 日，隆美尔将指挥权交给冯·阿尼姆，黯然神伤中告别了这块曾成就他沙漠之狐美誉的土地，从此再也没有机会重返非洲大陆。隆美尔走了，大部分盟军将领都感觉深深松了一口气，唯独巴顿闷闷不乐。他憋足了劲，一直想和隆美尔亲自较量一番，没承想两人尚未谋面，对手就跑了。

巴顿和布莱德雷都对亚历山大分配给第 2 军的任务略感不满。但同时两人又都非常客观地认识到，以第 2 军目前的实际情况而言，确实不适合承担主攻任务。3 月 14 日，亚历山大给第 2 军的任务的命令正式下达。巴顿在日记中非常公允地写道：亚历山大是对的，尽管有些偏心（对英国军队），不过，我要是处在他的地位也会如此的。

在关于第 2 军的使用上，巴顿、布莱德雷等美军主要将领与艾森豪威尔之间产生了严重的分歧。艾森豪威尔出于与英军合作大局的考虑，对于亚历山大的要求较为迁就。他下了严格的命令：要求美军将领必须遵照亚历山大的指示办事。巴顿在日记中写道：

> 我强压怒火，同意了。我们毫无办法，真不敢相信，艾森豪威尔已被他们（英国人）拖住后腿。太可恶了……我越想这个排挤我们的计划就越生气。

3 月 17 日，第 2 军发起攻击。艾森豪威尔和亚历山大亲自来到第 2 军前线指挥部坐镇，巴顿和布莱德雷跟部队上了前线。巴顿随第 1 师向前挺进，几乎不费吹灰之力，当天就从意大利军队手中夺取了加夫萨。德意动用航空部队频繁地向美军发动反击，艾森豪威尔出于安全考虑要求巴顿留在指挥部里。但是巴顿认为这不是自己的风格，而且自己现在这个级别也不可能到最前线去，不存在任何危险。艾森豪威尔的担心并非杞人忧天，布莱德雷随部队行动通过雷区边缘，他乘坐的吉普车前轮碰到了一颗，万幸没有爆炸。布莱德雷在回忆录中写道：

> 我吓得差点掉了魂，但庆幸自己留了一条命。后来，我想这可能是上帝还要留下我担任更重要的任务吧。

巴顿执掌第 2 军后首战告捷，令盟军最高统帅部非常满意。巴顿也很开心，但他还是感觉毕竟不是自己亲手调教出来的部队，指挥起来并不是那么得心应手。

天公不作美，连续几天的倾盆大雨，道路泥泞不堪。巴顿号召部队说，德国人和我们一样忍受着恶劣的天气，如果要想按照事先的计划展开行动，就必须克服困难先发制人。美军坦克和其他运输车辆寸步难行，特别是第 1 装甲师几乎处于停滞状态。巴顿气急败坏之余，他不仅骂老天爷，还大骂第 1 装甲师师长沃德，指责他完全丧失了勇气，畏敌如虎。

3 月 20 日夜间，蒙哥马利所部英第 8 集团军向马雷特防线发动进攻。3 月 26 日，英军突破成功。德意军在经过激烈抵抗后，缓慢向北撤退到盐沼防线。巴顿也颇有斩获，击溃了德军第 10 装甲师，一雪美军卡塞林战役失利之耻，给蒙哥马利以强有力的支援。但是随着战事的深入，美军攻势频频受挫。第 1 步兵师重创德第 10 装甲师后，已成强弩之末，暂时无力再发动新的进攻，只能据壕而守；第 1 装甲师屡屡受挫，师长沃德亲自上阵督战，不幸负伤，仍然无法取得突破。美军的战斗力再次遭到世界舆论的质疑。面对纷至沓来的负面消息，巴顿憋了一肚子火可又无处发泄，无论怎么说毕竟美军在德国人的防线面前束手无策。他一面满嘴脏话地咒骂着天气和可恶的英国人，一面让沃德立下军令状，如果再不能取得顺利进展，当即撤职查办。

蒙哥马利准备在盐沼防线与德意军进行大兵团决战，他希望巴顿能够扩大战果，支援第 8 集团军。蒙哥马利向亚历山大指出，第 2 军哪怕向前只推进几公里，也将极大地减轻自己的压力。亚历山大同意了蒙哥马利的意见，要求美第 2 军参加作战行动，他命令巴顿派出一支快速装甲部队向加贝思路挺进，但强调这并非主攻行动，美军无需对德意军队进行分割穿插，只要不断对敌展开袭扰即可。

英国人的这些伎俩怎么能瞒得过久经沙场的巴顿，他清楚地知道：

这些命令的目的就是阻止我们向海边推进。也就是说……把敌军一分为二的任务轮不到我们……所有这些命令的目的就只有一个，那就是保证让英国人完成最后一击，获得胜利。

巴顿强压怒火接受了这一命令。他和布莱德雷都认为，在他们率领之下的美第2军能够像一柄利剑一样，将轴心国部队一劈两半，直插到海边。

4月1日，巴顿派布莱德雷到前线视察，结果遭到了德国空军12架双引擎“容克”轰炸机的轰炸。布莱德雷幸免于难，但是巴顿的副官、被其视为终生挚友的理查德·W.詹森不幸阵亡。这一事故令巴顿痛不欲生，他亲自安葬了这位老友。在给妻子的信中，巴顿悲痛而伤感地写道：

（詹森）死得没有任何痛苦，尸体也完整。我们把他的尸体运到加夫萨的公墓16点下葬。我和加菲赶到那里做遗体告别。我跪在地上亲吻他的额头。他很有个性也是一位忠实的朋友，我会很想他。

我对他的母亲感到十分内疚。我剪下他的一绺头发寄给他的母亲。只要一发现他的个人物品，我就给他母亲寄去。

战争很残酷，但我们都活了下来，我希望能继续这样。敌人的轰炸很猛烈，但我们无力反击。虽然我心存侥幸，但也许下一个死的就是我。

詹森之死对巴顿打击很大，当他得知空军将所有的近距离空中支援都分配给蒙哥马利的第8集团军后，心中压抑了许久的怒火终于爆发了。他在向亚历山大呈送的战报中写道：整个上午，攻击部队不断遭到空袭，由于我们的部队没有空中掩护，德国空军便肆无忌惮地横冲直撞。在战报结尾，巴顿重重地签上了自己的名字。这无异于告北非盟军第一战术空军指挥亚瑟·科宁哈姆的状。科宁哈姆自然不甘示弱，也向亚历山大呈送了一份内容截然相反的报告。他指责巴顿谎报军情，是个疯子，是个骗子。美军之所以呼叫空中支援只是为部队进展不利、行动迟缓寻找借口而已。科宁哈姆希望第 2 军不要再做把陆军的失败归罪于空军这类丢脸的事情了。最后，他极为刻薄地写道，巴顿的战报只能使人得出第 2 军根本没有参加现代化战争资格的结论。

北非战区空军司令，英国皇家空军元帅特德得知巴顿与科宁哈姆之间的相互指责后，极为关注。他意识到，"这种互相指责是一个危险的信号，很可能导致英美关系的恶化"。于是，特德立刻和艾森豪威尔沟通，表示已经命令科宁哈姆撤回了报告，自己本人将立即去向巴顿和美第 2 军道歉。4 月 8 日中午，特德亲自率领第 12 航空队司令斯帕茨中将等人，来到巴顿驻地真诚致歉。次日，科宁哈姆也奉命向巴顿道歉，巴顿勉强表示接受。这场风波总算过去了。

在巴顿的大力督促下，美军取得了快速进展，4 月 7 日，第 1 装甲师先头部队与英第 8 集团军先头部队会师。突尼斯战役第一阶段基本结束。

一个星期之后，艾森豪威尔致信巴顿：

你被临时任命为第 2 军司令在突尼斯的作战行动已经圆满结束了。请接受我个人的祝贺，祝贺你在此期间表现的个人才智和对他人作出的表率。

4 月 15 日，巴顿奉命从突尼斯返回摩洛哥，筹划西西里登陆计划。巴顿以其高超的领导艺术、严明的执行纪律、颇具特色的个人魅力，在不到一个半月的时间里，将第 2 军治理得井井有条，士气高昂。这是极其难能可贵的。巴顿遗下的第 2 军军长一职由副军长布莱德雷接任。临行前，巴顿与布莱德雷进行了一番推心置腹的交谈。副军长特意叮嘱军长，无论到哪里还是少说为妙，特别是涉及艾森豪威尔和与英国人的关系时，尤其要慎重。回到摩洛哥后，巴顿致信布莱德雷，他写道：

我遵照你的忠告，一言不发……我想再说一遍，同我共过事的人很多，但我从未像同你在一起这样心情舒畅，我期望再度与你共事，共同完成我们的战斗使命。

正如巴顿所料，没过多久，他就又和布莱德雷在一起并肩战斗了，只不过两人的关系发生了变化，下级变成了上级，副军长升为集团军群司令，军长成为其下属的集团军司令。

1943 年 4 月 22 日，盟军动用了 20 个师又 4 个旅的兵力，对北非残余的德意军队发动了总攻。5 月 7 日，盟军解放了突尼斯城和比赛大港。5 月 13 日，曾打得英军抱头鼠窜的纳粹非洲军团和意大利军队在冯·阿尼姆将军的率领下向盟军投降，北非战事宣告结束。

1942年11月4日，非洲军团司令官威廉·冯·托马（右）向蒙哥马利（左）投降

相关链接：

M4谢尔曼坦克：

该坦克为二战期间美国制造的中型坦克，也是二战期间生产最多的坦克，数量达4.9万辆。英军以美国南北战争时期威廉·谢尔曼的名字为它命名。战斗全重33吨，长7.54米，宽3.0米，高2.97米，其主武器为一门

75 毫米的火炮，配有两挺 7.62 毫米口径机枪。和二战期间其他主战坦克相比，谢尔曼虽然略显火力不足，但是它坚固、耐久，可靠性高，易于维护，用途广泛。巴顿指挥的第 3 集团军装备的大多都是该型坦克。前不久热映的、由美国著名影星布拉格·皮特主演的二战电影《狂怒》中，主人公驾驶的就是谢尔曼坦克。

第二章

重返欧洲

/“霸王”行动/

1943年随着世界反法西斯战争局势的根本扭转，美国总统罗斯福提议同盟国方面召开一次国际会议，以协调下一步对轴心国的行动。1943年11月28日至12月1日，英美苏三国首脑在伊朗首都德黑兰进行会晤。会上三国首脑就盟军消灭纳粹德国的各项计划以及战后和平与合作展开了充分讨论，史称“德黑兰会议”。会上形成的最重要的一项成果就是，三国领导人终于就1944年5月在欧洲开辟第二战场（即实施“霸王行动”计划）达成了一致协议。所谓第二战场，就是在对德作战中除苏联战场外，盟军在欧洲登陆开辟以西欧为主的战场。“霸王”行动的目的是在缓解苏德战场压力的同时，采用东西对进的策略，完成对纳粹德国的战略包围，最后聚而歼之。

1943 年 11 月，斯大林、罗斯福、丘吉尔（从左至右），在德黑兰会议上

由于美军在盟国远征军中占了绝对多数，英国方面不得不同意由美军将领来担任这次登陆作战的总指挥官。马歇尔希望亲自出马指挥这次作战，但是遭到了罗斯福总统的反对。罗斯福认为，马歇尔的职责主要还是留在国内协助自己筹划全局，另外盟国参谋长联席会议也离不开他。经过商议，最终美方决定，由马歇尔的老部下艾森豪威尔担任这一职务。

美国陆军五星上将乔治·马歇尔

艾森豪威尔生前保存了许多战争纪念品，其中有一件他认为是二战期间最为珍贵的。有人猜测，以艾森豪威尔盟军统帅的身份，能令他视为最珍贵的东西要么是什么奇珍异宝，要么就是敌军统帅使用过的精致武器，但实际上这些猜测都不准确。那件纪念品，仅仅是一张再普通不过的便条。

上面写着短短的几句话：

总统致斯大林元帅

已决定任命艾森豪威尔将军指挥“霸王”行动。

罗斯福

开罗，1943 年 12 月 7 日

亲爱的艾森豪威尔，我想你也许乐意将此便条作为一件纪念物。这是昨天最后一次会议决定后我匆匆草就的，总统立即签了字。

G.C.马歇尔

艾森豪威尔在回忆录中写道：

这一非正式纪念物对我的真正价值在于马歇尔的附言。1943 年秋天已有流言蜚语流传，说马歇尔和我正在明争暗斗，都想担任“霸王”行动的指挥官，我的许多朋友都知道我希望留在战场上，而不想返回华盛顿任职。但无论我还是马歇尔将军，无论在平时还是战时，从来没有堕落到争名夺利的层次。

原来，他保存这张便条最主要的意义在于澄清那些挑拨自己和马歇尔之间关系的不实之词。

从1943年秋季开始，在盟军就有风言风语说，马歇尔和艾森豪威尔两人之间，正为争夺“霸王”行动最高指挥官一职而在明争暗斗。作为一名渴望建功立业的军人，即便有这种想法也是可以理解的。艾森豪威尔也确实期望自己留在战场上，但是这种传言对他而言倍感侮辱。艾森豪威尔曾郑重其事地表示，无论是自己还是马歇尔，无论在平时或是战时，从来都没有沦落到争名夺利的层次。他和马歇尔也从未为了谋得某一个特殊的职位，向任何人提出过不正当的要求。艾森豪威尔在回忆录中写道：

虽然我从未与他（作者注：指马歇尔），直接讨论过这件事情，但我始终坚信，由我指挥“霸王”行动是他的决定，而不是其他人的主张。从战争开始我第一次见到马歇尔将军以来，就一直对他怀有无比忠诚和崇敬之情，而且我曾告诉过总统（作者注：指罗斯福总统），我确信无人能比马歇尔更能使“霸王”行动获得更伟大的胜利。我当时相信而且现在仍然相信，他指挥作战与在华盛顿处理复杂问题一样出色。

1943年圣诞节前夕，罗斯福总统通过电台发表演说时，首次公开宣布艾森豪威尔将担任“霸王”行动指挥官，而且即将担任盟国远征军最高统帅。

艾森豪威尔接受新的任务后，一面妥善安排北非战事的后续交接工作，一面立即着手准备“霸王”行动的有关人选。关于盟军最高司令部的人员配置，他是这样安排的：艾森豪威尔的副职，即盟军副总司令，由英国空军上将泰德出任；史密斯将军仍然担任参谋长；蒙哥马利负责指挥参战的英军；英国海军上将拉姆齐担任海军司令。至于美军地面部队指挥官的人选，却比较挠头，有好几个人选，包括当时尚驻扎在美国国内的第3、第4集团军司令考特尼·霍奇斯、威廉·H.辛普森，以及马歇尔的助手莱斯利·麦克奈尔，当然还有巴顿和布莱德雷。本来巴顿的呼声是比较高的，但是由于打人事件所造成的负面影响一时难以消除，因此关于他的提名就减少了许多。马歇尔比较看好霍奇斯，认为他在各方面都可以与布莱德雷媲美：枪法好，会打猎，沉着冷静，不爱出风头，熟悉地面战争等等。除去布莱德雷之外，艾森豪威尔对其他人选都不是很满意。巴顿就不用说了，艾森豪威尔甚至曾在私下里透露过再也不会提拔使用他的意思。霍奇斯和辛普森虽然有这样或那样的优点，但是他俩身上都有一个共同的致命弱点——均未指挥过战斗，麦克奈尔由于耳聋更加难以胜任这一职务。12月23日，艾森豪威尔在电报中向马歇尔汇报了自己的最终设想：

我认为在“霸王”行动初期阶段英美两军均无设置集团军群司令的必要。事实上，任何此类措施都会破坏陆军与空军的基本协同。当需要设置集团军群司令时，我希望由在此次战争中具有战斗经验的军官担任。如果参加“霸王”行动作战的美军超过一个集团军，那么我建议由布莱德雷将军担任美国集团军群司令。其中一个集团军的司令可由巴顿担任；另一位，则可以从参加“霸王”行动中的指挥官中产生，或者可以从霍奇斯、辛普森此类人中挑选。集团军司令应尽早来英国，布莱德雷则可在作战的早期阶段过来。

我的想法是，布莱德雷应担任美国突击集团军的司令，必要时任集团军群司令。

经过在北非战场上这段时间的接触和磨合，布莱德雷的大局意识、识人用人的广阔胸怀、积极而稳定的个人情绪等等，都给艾森豪威尔留下了深刻的印象，“霸王”行动中美军地面指挥官一职非他莫属。

一直以来，巴顿对这个职务抱有很大的期待。得知这一消息后，巴顿非常痛苦地在日记中写道：我曾对这个职务抱有很大希望，但是，现在看来已经绝无可能了。他还在日记中对自己昔日的部下、未来的长官，进行了既尖刻又相对客观的评价：布莱德雷是平庸之辈……具有大将风度，戴眼镜，宽下颚，少言寡语，言谈深奥，是参谋长的射击伙伴，也是个忠诚的人……美军将领中较好的一个。

作为美军第一勇将巴顿，艾森豪威尔对他的感情非常复杂：一方面对巴顿不断“惹是生非”深感不满，一方面又不得不承认巴顿指挥作战的能力和水平。大战在即正是用人的时候，艾森豪威尔思来想去还是决定起用巴顿。但随即而来的问题更令他头疼：布莱德雷由巴顿的副手一跃变成他的顶头上司，桀骜不驯的巴顿能否接受两人隶属关系变化的这一现实？艾森豪威尔考虑到目前巴顿正在冷板凳上如坐针毡，也不排除他接受这一安排的可能。思来想去，他决定约巴顿当面谈一次，请他全力支持自己的人事安排。

出乎艾森豪威尔的意料，巴顿非常痛快就答应了下来，他表示集团军司令是最适合自己的人选。

后来，马歇尔谈到“霸王”行动人事安排的时候，曾指出：

巴顿当然是领导这次战役的最理想人选，但是他过于急躁，需要有一个能够对他起制约作用的人来限制他的速度，因为炽烈的热情和旺盛的精力会使他追求冒险。他上面总要有一个人，这就是我把指挥权交给布莱德雷的原因。

1944 年 1 月 14 日，艾森豪威尔到达伦敦，走马上任。统帅部的正式名称叫作“盟国远征军最高统帅部”（Supreme Headquarters Allied Ex-peditionary Force)，按照各个单词首字母缩写为“SHAEF”。他进入角色很快，迅速将盟军指挥系统在北非和地中海的运作模式借用到此次登陆作战中来。首先盟军陆海空三军的主要负责人都被吸收进最高统帅部参谋班子中，参与作战计划的整个制定过程。同时，他们每个人又都是实施整个作战计划相应部分的指挥官。这样做最大的好处在于，执行作战计划时几乎不会出现由于某指挥官的个人原因而造成对实现战略意图的阻滞。

盟军最高统帅部会议，前排左起，亚瑟·泰德、艾森豪威尔、蒙哥马利，后排左起，布莱德雷、伯伦特·拉姆齐、特拉福德·利·马洛里和沃尔特·史密斯

海军和空军倒还好办，如何协调庞大的地面部队确实是件让人头疼的事情。鉴于登陆后受地形的限制，盟军只能摆开两个集团军——由迈尔斯·登普西指挥的英国第2集团军和布莱德雷指挥的美国第1集团军，

因此艾森豪威尔认为没有设置地面部队总司令的必要，仅由蒙哥马利担任临时前线指挥官，负责指挥全部地面部队以及两个集团军之间的战术协同。盟军一旦在滩头站住脚，向纵深突破的时候，蒙哥马利的临时职务即解除，转而担任第 21 集团军群司令，指挥英国全部地面部队。布莱德雷则转任第 1 集团军群司令，负责指挥美军所有地面部队。这一方案基本敲定之后，艾森豪威尔便开始将第 1 集团军群下属的各集团军司令召集到伦敦。由霍奇斯担任第 1 集团军司令，辛普森为第 9 集团军司令。巴顿是 1 月 26 日到达伦敦的。

艾森豪威尔给巴顿布置了两项任务：第一，在“霸王”行动发起前后，执行“刚毅”计划；第二，接替霍奇斯任第 3 集团军司令，作为“霸王”行动的总预备队，盟军成功登陆后，巴顿将率军跟进扩大战果。巴顿的心彻底凉了，在这场人类历史上空前的登陆大作战中，自己只能做一个旁观者、看客啦！

发动陆海空三栖作战、登陆法国沿海，是“霸王”行动计划的第一步。盟军突破德军海岸防线并建立巩固的滩头阵地后，便兵分两路，分别攻击法国西北部的重要港口瑟堡和法国西部的布列塔尼半岛，牢牢控制住各海港和机场，建立起庞大的补给体系，为日后作战提供后勤保障，这是第二部。第三步，英国第 2 集团军在戛纳地区中路突破，进行佯动以牵制德军预备队，后续登陆的美国第 1 和第 3 集团军趁机大举进攻一直推进到罗尔河，扩大盟军作战区域。第四步，也是“霸王”行动的最终目的，即解放巴黎后，兵锋指向德国重工业中心鲁尔，彻底摧毁纳粹德国赖以维持战争能力的神经中枢，动摇德国军民将战争进行到底的决心，为结束欧洲战争奠定胜利基础。

1944年初，纳粹德国在军事上完全陷入困境：海上，邓尼茨和他的“狼群”虽然还在苦苦支撑，但实际上已是回天乏力苦熬时日而已，大西洋潜艇战的彻底失败毫无悬念可言；空中，盟军已经完全掌握了制空权，夜以继日的轰炸令纳粹饱尝了1940年英国军民遭受的空袭之苦；地面，东线德军在苏军日益强大的反攻面前，节节败退，已距本土不远，墨索里尼垮台后更令德军在意大利战场上陷入难以摆脱的泥淖。海陆空三方面的压力，使得狂妄自大的希特勒不得不重新分配捉襟见肘的战争资源，将赌注押在了西线防御上。他非常清楚，西线的成败直接关系到自己亲手打造的“第三帝国”的生死存亡。

早在1942年，希特勒便下令开始构筑大西洋壁垒（也称作大西洋防线、大西洋长城），即从挪威沿海北部开始，向南沿着荷兰、比利时、法国海岸沿线，修筑长达2700公里的防御工事，以对抗盟军攻击。但是囿于当时的战局发展，德国方面对此并未予以足够的重视，直到1943年整个海岸沿线只有主要港口和加莱地区构筑了永久性防御工事。意大利投降后，德国方面判断盟军将在次年春夏之间跨过海峡发动对法国的攻击。希特勒将抵抗盟军海上攻击的重任，交给了德国西线总司令龙德施泰德元帅。为了进一步加强西线的力量，1943年11月希特勒任命隆美尔负责指挥新成立的西线B集团军，并对大西洋壁垒的防务进行视察。在命令中，他特别强调，隆美尔承担的视察任务不受龙德施泰德节制，务必对大西洋壁垒中存在的问题及反盟军攻击提出措施和预案。

隆美尔（左二）在部属的陪同下视察大西洋壁垒

隆美尔视察结束后，立刻向希特勒递交了一份报告，对盟军登陆的地点、登陆后的作战方式以及德军应采取怎样的防御措施，做了详尽的分析和阐释。他写道：

……敌人登陆的地点很可能在加莱地区……由于海面上波涛汹涌，敌人势必以最快的速度夺取一两处港口，以便大船使用。

敌人的攻击将在何时发动，当然很难预料……假使我们能在恶劣天气开始而不利于登陆行动的时候，就发动飞弹攻击，那么就可以逼迫敌人在不利的条件之下，冒险进攻。

……由于敌人的打击力量在数量和物资两方面都占着优势，同时他们有巨大的空中优势，所以要在大陆上赢得一次巨型的会战，照我个人的看法，根本不可能。

所以我认为应集中一切力量，在海岸上把敌人击退，一定要在我方已经设防的地带进行战斗……

基于上述认识，隆美尔不仅在西线设置了大量滩前障碍物和空降障碍物，他还埋设了大量地雷，以加强守军防御力量。1941 ~ 1942 年冬季，英军在其建立的 80 公里长的防线上，埋设了将近 100 万枚地雷，在此后的战斗中，英军把大量战防炮和战车部署在雷区中心地带，令非洲军团头痛不已。隆美尔认为，如果德国军队是防守一方的话，那么这些阵地将永远无法攻克。北非的经验证明，大量的地雷可以使得装备低劣的德军能够在基本平等的条件下与盟军抗衡。截至 1944 年 5 月 20 日，德军在海峡沿岸地带共布下了 4193167 枚地雷，其中有 2672000 枚地雷是在隆美尔的强烈要求下，当年 3 月以后布设的。这些雷区给盟军登陆造成了极大的困难。

登陆作战会选定在哪里呢?

这既是德国人想急于知道的，更是盟军千方百计要保守的秘密。

登陆作战尚未正式打响，双方就围绕着登陆地点展开了一场激烈的无声较量。

如此大规模的三栖军事行动，盟军在选择登陆地点时也是煞费苦心，不敢有丝毫怠慢。按照常规经验，这个地点应该符合几个基本条件。首先，那里不能超出从英国机场起飞飞机的作战半径，一旦失去了空中掩护，登陆船只将直接成为德军炮火的活靶子，后果不堪设想。其次，这个地点距离英国的海上距离应该尽可能短。第三，在它附近应该有一处或几处大型的港口，以便后续部队和大型装备能够及时跟进，否则，即便是盟军先头部队成功登陆，也很难抵挡德军大部队的猛烈反击。

在自荷兰符利辛根到法国瑟堡之间长达 480 公里的漫长海岸线上，加莱和诺曼底两个地方都符合上述要求，但是二者却各有利弊。加莱，位于法国加莱海峡省，英法百年战争中，加莱军民为抵抗英军入侵苦战长达一年，最后弹尽粮绝被迫投降。该城是法国在英吉利海峡上距离英国最近的地方，只有 34 公里。距离如此之近，可以有效地缩短盟军海上航行的时间，更容易达到战役突然性。将加莱作为登陆点的不利因素在于，德军防守力量非常强大。加莱地理位置的重要不言自明，不仅是隆美尔，德军老将龙德施泰德也将目光聚焦在这里。他们两人一致认为将德军西线主力第 5 集团军放在加莱是最为合适不过的了。该集团军拥有 18 个师的雄厚兵力，其中有 5 个装甲师，对于加莱海岸沿线采取纵深防御配置，炮兵阵地、各种防御工事林立，其部队密度为西线之最。盟军如果选定加莱作为登陆地点的话，势必将要付出重大的代价。

隆美尔元帅视察英吉利海峡附近的德军要塞

诺曼底位于巴黎以西200公里，北临英吉利海峡，海上距离约100公里。相较于加莱，将诺曼底作为登陆场虽然盟军海上航行距离增加了近70公里，但是德军防守力量相对薄弱，而且其滩头海岸的地理环境也要优于加莱。经过反复比较，盟军最高统帅部决定，“霸王”行动计划选择诺曼底作为登陆场。

为保障“霸王”行动顺利实施，盟军最高统帅部设计了一系列欺骗、迷惑德军的方案，不仅要保证选择诺曼底作为登陆场这一高度机密不被泄露，而且还要使德国方面确信盟军的攻击目标是加莱。艾森豪威尔授命巴顿执行的“刚毅”计划，是其中一个重要组成部分。

盟军在加莱对岸、英国多佛尔附近建立了一个虚假的美第1集团军群，令德国人又怕又敬的巴顿“任”该集团军群司令，麾下有50个美国师100万左右的兵力。这里军务及其繁忙，盟军调集了数百名报务员在无线电上频繁联络，繁忙的电波信号使得德国人不能不相信，这里驻有数量庞大的军队。仅有这些当然不够了，盟军还在肯特郡到处修建兵营、仓库，铺设输油管线等等，一切都像真的一样。甚至从美国本土请来好莱坞道具师，用纸板、木板和橡胶制成各种逼真的假坦克、假飞机、假大炮等各种兵器。这一切都布置停当后，主角出场了。巴顿出现在肯特郡街头，时而参加公众活动，时而发表演讲。为了配合演好这出戏，当地媒体就短期内涌入大量外国军队所造成的社会问题，展开了一场煞有介事的辩论。所有的这一切都令纳粹德国深信不疑——盟军的目标是加莱。直到6月6日当晚，盟军已经占领诺曼底滩头之际，希特勒仍然认为诺曼底方向是盟军的佯动，其真实目的是为了掩护巴顿在加莱方向的主攻，而不肯将德军主力调往诺曼底。巴顿以一个空头司令部便牢牢牵制住了德军西线精锐，其战略意义远远超过率领部队实施登陆作战。但是作为一名战士，巴顿宁愿背着汤姆森冲锋枪亲自去冲锋陷阵、登陆抢滩，也不愿意在这样一场惊天动地的战役中躲“清闲”。

相关链接：

汤姆森冲锋枪：

美军在二战期间最著名的冲锋枪，以美国将军约翰·汤姆森的名字命名，由于该枪在射击时发出哒哒哒类似于打字机的声音，而赢得了“芝加哥打字机”的昵称。该枪最早的型号为M1921式，后来又相继出现了M1923、M1928/M1928A1、M1及M1A1系列。M1921式主要针对民用市场，因其火力威猛、压制力强，颇受美国黑帮青睐。由于“汤姆森冲锋枪”的加入，一时间，美国警察与黑帮对战中经常在火力上处于下风。为应对此情况，美国邮政系统的保安部门、美国各地警局以及联邦调查局等机构也随之进行了批量装备。1942年，在M1928A1的基础上，研制了M1式冲锋枪，并开始装备部队。与其他同期的冲锋枪相比，该枪口径大（11.43毫米）、火力猛，尤其适合近战，但是过于沉重，结构复杂，价格昂贵。二战期间，美国共生产了140余万支汤姆森冲锋枪。该枪的前期型号，曾在中国军阀混战时期大量被仿制。

/ 巴顿摊上了官司 /

“霸王”行动在紧锣密鼓的准备之中，巴顿也开始着手调整组建第 3 集团军新的参谋班子。4 月 25 日，他应邀出席了当地妇女为美军组织的一次“欢迎活动”，并发表了讲话。结果，惹出一场天大的口舌官司来，令巴顿险些被送回国。

巴顿在讲话中说道：“世界注定将由英国和美国主宰，当然还有苏联，我们相互越了解，事情就会办得越好”。讲话之前，他就向在座的记者提出严禁记录、严禁报道，绝大多数记者都严格按照巴顿的要求执行了。但是，英国新闻协会不仅违反了规定，而且将巴顿的话断章取义报道出去，这一下变成“巴顿将军认为‘英国和美国将主宰世界了’”。报道在英国本土并未引起太多关注，但美国各大报纸都在头版转发了这条消息，在美国公众中立刻引起轩然大波。共和党攻击他身为一名军人，却干预政治，甘做“国务院的帮凶”；左翼人士则认为巴顿是“污蔑苏联盟友的反对赤色分子的反动派”。

次日中午，巴顿的副参谋长盖伊将军接到盟军最高统帅部新闻处长打来的电话，询问在昨天的欢迎会上巴顿将军到底都说了什么，各家报纸都在大肆报道，马歇尔将军非常关注这件事情。原来，26日一早，盟军最高统帅部便接到了马歇尔的电报。他异常愤怒地要求艾森豪威尔彻底查清此事，巴顿到底要干什么，是谁赋予他这样不负责任胡说八道的权力的。马歇尔如此大发雷霆是有原因的：

当时马歇尔正在想方设法获得国会批准包括巴顿将军在内的陆军永久晋升名单，本来有不少国会议员就一直紧盯着巴顿，可他却在关键时刻捅了这么个大娄子，国内对巴顿是否有能力担任第3集团军司令官深表质疑，而且这恐怕会直接影响到全体人员晋升的问题。此其一。

其二，仅仅在半个月之前，故意屠杀战俘事件调查刚刚结束，巴顿就再次惹出一场是非来，怎能不让马歇尔动怒。在这一事件中，巴顿“涉嫌”屠杀了两批德国战俘。

事情还要从将近一年前的西西里战役说起。1943年6月下旬，战役即将开始。巴顿对缺少战斗经验的美第8军第45师很不放心，便到该师去视察。他对第45师官兵发表了一篇名为“鲜血和勇气”的著名演讲。在讲话中，他谈道：

你们中间有许多人有德国和意大利血统。但是要记住，你们的祖先非常热爱自己，因此他们离弃了自己的家园和国土，远涉重洋去寻求自己。然而，我们将要去杀的那些人的祖先，缺少做出这种牺牲的勇气，因而他们仍然是奴隶……我们将要在敌国的土地上作战，但我们不可忘记尊重私人财产、尊重非战斗人员和妇女的美国传统。

如果讲话到此结束，则不会有任何问题。基于第 45 师官兵战斗经验不足，关于作战，巴顿进一步指出：

要迅速而不留情地、凶狠和不停息地进攻，有时敌人虽然已经举手了，但如果麻痹大意的话，他们还是会趁你不备而开火或投掷手榴弹。如果无法确认敌人是否真正投降，就直接干掉他们。对于那些“愚蠢到胆敢和我们对抗的老百姓”也要“杀死”。

我们尚不清楚，伫立在主席台下的第 45 师官兵有多少人真正为这篇讲话所鼓舞而英勇杀敌，但有一点却是确凿无疑的，巴顿本人被这篇讲话搞得焦头烂额。

7 月 14 日，第 45 师第 180 团第 1 连的康普顿上尉率领一支小分队遭遇德军埋伏，损失惨重。经过一番苦战，43 名德军举手投降。大批战友伤亡，康普顿上尉激于义愤，命令俘虏排好队，架起机枪将其全部杀死。几乎与此同时，该团第3连的韦斯特中士下令枪杀了36名德军俘虏。事情发生后，布莱德雷立即向巴顿做了汇报。据布莱德雷回忆，巴顿似乎对这一事件并没太放在心上，虽然要求将两名主要责任人送交军事法庭外，还让布莱德雷“告诉那两个人要证明‘那些被杀的人是狙击手或者试图逃跑什么的，因为这将引起新闻界的轩然大波，并激起民愤’”。

军事法庭就杀俘事件对两名当事人进行了审讯。他们的辩护律师提出，被告人是无罪的，之所以会实施暴行完全是由于巴顿在西西里战役之前对第45师的讲话引起的，因为在普通官兵眼中，巴顿的讲话就是命令。至此，事情升级了。起初，只是下级军官杀俘的单纯事件，而康普顿和卡斯特的供词将事件的性质转化为巴顿鼓励、纵容第45师官兵屠杀战俘。

这时，已经是1944年4月了。美国陆军部派出一名监察官来到伦敦，要求巴顿说明情况。盟军高层被搞得非常被动，如果新闻界得知此事并公之于众的话，不仅巴顿本人包括艾森豪威尔在内的美军高层军官都会被搞得声名狼藉，而且将会殃及被俘美军士兵生命，德国人势必对他们进行疯狂而残酷的报复。巴顿也意识到了问题的严重性，接受调查前做了认真准备。

4月5日，巴顿来到伦敦，非常坦诚地向监察官做了陈述。他谈到，自己绝没有想过要士兵去屠杀那些已经放下武器的战俘。为了证明自己的无辜，巴顿还特别强调，自己的女婿J.K.沃特斯上校已经被德国人俘虏，从这一点上讲他无论如何也不会愚蠢地命令部下公开杀俘，那无异于在刺激德国人，直接断送自己女婿的性命。巴顿诚恳的态度，打动了监察官。经过反复调查，除去两名被告人证词之外的所有证据都表明，巴顿与杀俘事件无关。康普顿和巴斯特之所以把巴顿扯进来只是为了混淆视听摆脱罪责而已。

巴顿给士兵授勋

一天乌云终于散去。

即便如此，艾森豪威尔还是命部下将事件的前前后后写成一份详细的报告，送交给美国陆军部新闻发布负责人亚历山大·瑟里斯少将，以便一旦有好事者将事件公布出来，美国陆军部可以在第一时间内拿出可信的证据予以澄清。艾森豪威尔对巴顿语重心长地说道：乔治，你讲话太多了。

巴顿本人也是满腹委屈，在给妻子的信中，他情绪非常消沉：

有些人说我杀的俘虏太多，然而正是这些人，对于远远多于此的日本人的被杀，却欢呼雀跃。事实上，我杀的人越多，我们的弟兄牺牲的就越少，可是他们不这样看。有时我真想马上退役进修道院，远离尘世。

杀俘事件刚刚告一段落，巴顿的大嘴又惹出祸端，艾森豪威尔怎么能不恼火呢。1944 年 4 月 29 日，艾森豪威尔致电马歇尔：

在公开场合中，高级官员都必须考虑自己的言行对公众舆论可能产生的影响，而巴顿却显然不能理智行事。这样，尽管巴顿有杰出的指挥才能，也不能不使人产生疑问，即把他留在高级指挥部里是否明智……我已被他给你和陆军部不断造成的麻烦，搞得筋疲力尽，无话可说，我正在认真考虑对他采取最严厉的措施。

盟军统帅部收到的大多都是对巴顿不利的证据，第二天艾森豪威尔很无奈地再次致电马歇尔，表示正打算让巴顿离开指挥岗位，直接送回国内。他在电报中写道：

我现在比任何时候都深感遗憾，在我离开地中海以前，没能把特拉斯科特调到“霸王”行动指挥部来。他将成为第3集团军理想的司令官。

艾森豪威尔在电报中虽然提出了即将接替巴顿的人选，但实际上还是留有余地的。首先，特拉斯科特此时正在意大利战场上指挥第6军作战，不可能抽身到英国来，所谓接替巴顿只是一张空头支票而已。其次，艾森豪威尔在电文中颇富深意地为保护巴顿埋下了伏笔：

除非案件中又出现某些新的没有预见到的情况……尽管巴顿性情不稳，但战争中常常出现需要由他首当其冲的局面。

到处给巴顿处理善后，艾森豪威尔心中难免对巴顿产生意见。他甚至开始怀疑自己在即将开始的“霸王”行动中是否有能力驾驭这个家伙。至于巴顿到底说了些什么混账话，他并没太放在心上，最让人头疼的是巴顿会不会再犯类似的毛病。4月30日，艾森豪威尔给巴顿写了一封措辞严厉的亲笔信，要求他彻底交代清楚这次讲话的整个经过，必须重视这件事引发的严重后果。

巴顿向负责调查此事的休斯将军进行了辩解。他说，这次事情对自己而言颇有些诬陷的意味在里面，当时会议组织者曾明确告诉他讲话不会公布，而且开幕式是在盟军新闻部主持下进行的。巴顿心中的极度郁闷是可以想见的，他在给休斯的信中意兴索然地写道：

战争结束之后，我就不再有什么军事上的雄心壮志了。因此，除了一笔退休金的问题之外，我是否能晋升为终身少将军衔对我来说不是至关重要的。因此我授权你向最高司令官讲明——如果你认为这样做是明智的话，我完全愿意把我的名字从终身将军的名单中除掉，这样就不会妨碍其他军官的晋升了……当然，你知道我的抱负是什么，就是要指挥一支军队去杀德国人和日本人。我不相信我的所作所为竟然会对我在这一方面的效能有什么影响。

4 月 30 日是个星期天，正在教堂做礼拜时，巴顿接到史密斯将军打来的电话，要求他在明天 11 时或 15 时向艾森豪威尔报到。

5 月 1 日 11 点整，巴顿准时来到艾森豪威尔的司令部，非常严肃地向最高统帅部如实汇报了整个事件的经过：4 月 25 日，纳兹福德地区的老百姓为了招待美军而组织的欢迎俱乐部举行开幕式，巴顿应邀以非正式身份出席。开幕式主持人请巴顿做主要发言，他担心管不住自己的嘴，便婉言谢绝了。巴顿表现得非常低调，特意晚了 15 分钟到达会场，准备趁人不注意悄悄溜进去。结果，令人意想不到的是，开幕式竟然特地为他推迟了 15 分钟。巴顿一走进会场，人们便围上来拍照。在得到绝不发表任何与他有关照片的允诺后，巴顿才放心就座。俱乐部宣布成立后，主持人再次请巴顿即席为大家讲几句。毕竟这是与美军士兵有关的事情，巴顿不忍心冷落了主办方的一片盛情，便同意了。前提条件是，务必不得透露他出席活动的任何消息。主持人非常尊重巴顿的意见，向与会人员特别强调，巴顿将军此行不是以官方身份出席活动的，下面他将以纯粹朋友的方式发表演说，请在座的人员切记千万不要引用讲话的内容。

巴顿认为经过自己反复强调应该不会再出什么岔子了，便走上讲台。他首先对俱乐部的成立表示祝贺，然后从萧伯纳关于“英、美两国人民是被一种共同的语言联系在一起的”名言展开，滔滔不绝地讲了起来。他指出，既然英国人和美国人注定要主宰世界，当然还有苏联，那么我们越是了解，我们的事就会办得越好。最后，他再次强调了俱乐部的实在意义：像这样的俱乐部是彼此结识和促进相互了解的理想场所。而且，一旦我们的士兵遇到并结识了英国的女士们，他们就会写信回国，告诉我们美国的妇女们说，人们是多么的可爱，于是美国的妇女们一接到信就会产生嫉妒心，就会迫使这场战争迅速结束。我就可以有机会去打日本人了。

人们对巴顿的讲话报以热烈的掌声。开幕式在《上帝保佑吾主》和《星条旗永不落》的歌曲声中圆满结束。巴顿谢绝了会后的晚宴，很快离开会场赶回自己的驻地。

艾森豪威尔听了巴顿的陈述后，脸色缓和了许多。事情经过如此简单，至于那些新闻记者是如何断章取义进行报道的，确实与巴顿无关。但最后结果如何，艾森豪威尔还要征求美国国内的意见，如果无法得到国内高层和舆论的谅解，巴顿还是难以摆脱撤职、回国的命运。

离开最高统帅部之后，巴顿的心情跌落到了极点，他写道：

我觉得像死去了似的，但是我还没有完全绝望。如果他们让我上战场，我就去，但是如果不让我去，我就辞职，这样我就可以讲话了。到那时，我要讲出事实真相，这样也许会对国家更有好处。

回到自己的司令部，他要求生活副官准备收拾行李，巴顿颓丧地告诉部下：看来这回我们不得不回美国去了。

艾森豪威尔对巴顿所进行的申辩深信不疑，他决定尽快结束这种毫无意义的口舌之争。5 月 3 日，他致电马歇尔，提出如果将巴顿解职太可惜了，他指挥大兵团作战的丰富经验以及在进攻中对部队的感召力，是诸多美军将领所无法比拟的。陆军部长史汀生和参谋总长马歇尔经过协商，他们将最后决定权交给艾森豪威尔，由他根据作战需要“便宜”行事。艾森豪威尔告诉马歇尔，他决定保持原人事安排不变，即将组建的第 3 集团军仍旧由巴顿担任司令官。

得知这个消息后，巴顿喜出望外，在司令部里高声大叫：战争结束啦！他手下有的年轻军官不明就里，以为巴顿被陆军部解职了，正为此黯然神伤之际，却发现巴顿已经笑容满面地举着酒杯，邀请大家共饮一杯，以示庆祝。多年以后，艾森豪威尔在回忆录中记述了巴顿得知自己仍能继续与法西斯作战而激动不已的场面：

巴顿激动得几乎掉下泪来，显露出他天性的另一面，而这是除了亲密朋友之外的任何人都不了解的。他非常懊悔，并非仅仅因为他给我带来麻烦，而且他说，还因为他曾跟同事激烈地批评过我，当时他以为我会撤他的职。他的情绪波动非常之大，不是这个极端就是另一个极端。我大笑着告诉他："你还欠我们一些胜利，用胜利来报答我们。世界将会相信我是一个聪明人。"

布莱德雷对此事有自己的看法。他也为巴顿不断地制造麻烦而头疼不已，同意送巴顿回国。当得知盟军统帅部的最终决定后，布莱德雷认为巴顿之所以能够留下来：首要原因是没有合适的人选接任第 3 集团军司令一职；其次是丘吉尔的态度起到了很关键的作用，首相认为此事无关紧要，不碍大局；第三是巴顿掌握着艾森豪威尔的某些把柄，使得最高统帅不得不将其留在战场上。为了证明自己看法的准确，布莱德雷还在回忆录中特地引用了 5 月 3 日艾森豪威尔写给巴顿的信：

尽管你的个人言行造成了很多不良影响，但我们决定再给你一次机会，让你留下继续担任指挥职务。我这么做实属出于对你作战指挥能力的信任，绝无他意。

不管出于何种原因，只要能够继续战斗，巴顿就心满意足了。

他很快就把所有的不快都抛在了脑后，全身心地投入到紧张的战前准备工作当中。到处视察部队，发表激动人心的演讲，鼓舞战士们的斗志，是巴顿最为擅长的工作方式。在登陆之前的最后一次视察中，巴顿对士兵们说道：

在我的讲话中，我总是强调战斗和杀人，以及每个人各尽其责。那些胡说八道的记者们对真枪实弹一窍不通。军队中的每一个人都起着重要的作用……即使炊事员也不例外，甚至那些烧水让我们洗干净屁股的家伙也是如此！让那些混蛋来调查吧，这就是巴顿的第 3 集团军，我们要把一切敌人赶进地狱去！这样，20 年后，当我们的孙子问你在战斗中做了些什么的时候，你就不会羞愧了。

相关链接：

M1 卡宾枪：

卡宾是英文 carbine 的音译，也就是马枪、骑枪，通常指质量较轻的短管步枪。M1 卡宾枪是美军在二战期间使用最为广泛的半自动武器之一。1938 年，美国军方提出，要给不方便携带伽兰德步枪的炮兵、通信兵等二线人员，提供一种比较轻便但是火力要强于手枪的武器。由温彻斯特公司设计生产的这款卡宾枪于 1941 年定型生产，被正式命名为“.30 英寸（7.62 毫米）口径 M1 卡宾枪”，1942 年开始装备部队，到 1945 年二战结束该枪停产时，M1 卡宾枪及其改进型产品，一共生产了 600 万支。该枪由于配备了大容量弹匣并能够在单发和连发之间实施转换射击，弥补了步枪火力不足和冲锋枪精度较差的缺憾，深受前线士兵欢迎。M1 卡宾枪口径 7.62 毫米，配备 15 发或 30 发可拆卸式弹匣，全长 904 毫米，重量 2.36 公斤，射速 750 发 / 分，有效射程 300 米。

/ 最后的准备 /

距离登陆的日子越来越近了。盟军具体战役部署最后成型：美第 1 集团军布莱德雷部在诺曼底海滩右侧，英第 2 集团军登普西部在左侧，分别抢滩登陆。一旦上岸并站住脚，英军即向法国内地推进，夺取奥恩河上的交通要地卡昂，扼住德军反攻部队必经的咽喉。美军则向科唐坦半岛进军，而后为盟军夺取后勤补给的重要港口瑟堡。上述目标达成后，诺曼底登陆战的预备队——亨利·克里勒加拿大第 1 集团军和巴顿美第 3 集团军上岸，分别增援登普西和布莱德雷。至此，战役的第一阶段结束。

而后，蒙哥马利指挥英、加军队固守卡昂一线，吸引并大量杀伤德军反攻部队，掩护美军侧翼。布莱德雷的第 1 集团军向西南方向突进至卢瓦河，巴顿的第 3 集团军向西占领布里塔尼半岛以及附近的重要港口。这样一来，盟军南北贯通一气，形成长达230公里的战线，兵锋直指塞纳河，随时准备攻克巴黎。

蒙哥马利对形势判断非常乐观。他信心十足地提出，自己的装甲部队将在登陆当天，推进50公里，直抵法莱斯城下。事实上，他整整花费了71天的时间才步履蹒跚地走进法莱斯，兑现自己的诺言。结果沦为美军将领的笑柄。当然这是后话。

自合作以来，美英将领之间就龃龉不断。在北非时，巴顿和蒙哥马利之间的明争暗斗更是尽人皆知。阿拉曼战役之后，蒙哥马利在的黎波里召开了一个作战研讨会，期待与盟军将领一道总结作战经验，但是美军方面响应者寥寥无几。他在给友人的信中抱怨道：只来了一位美国将军（一个60岁左右的老头子）。这个老头子就是巴顿。巴顿并没有比蒙哥马利大多少，两人年龄仅相差两岁而已。会议结束后，谈起感受时，巴顿则老气横秋地说道："也许我已经老了，也许我的脑子比别人慢，也许我没别人聪明，还有我也知道自己的耳朵也不管用了，但是不管怎么说，他的那套理论对我来说毫无意义。"

丘吉尔在蒙哥马利和奥利佛•利斯将军的陪同下，视察的黎波里

不要说性格暴躁的巴顿对蒙哥马利抱有成见，即便是待人温和、宽厚的布莱德雷也对蒙哥马利的言行颇有看法。蒙哥马利本人不吸烟，他也不允许别人在会议室吸烟，会议室到处挂着“禁止吸烟”的牌子，有些烟瘾大的人只好借开会间歇跑到外面去吸。布莱德雷在回忆录中写道：

会议快结束时，丘吉尔按日程安排前来讲话。这时他撤销了禁止吸烟的禁令，那些禁止吸烟的牌子也一下子无影无踪了。

丘吉尔嗜烟是出了名的，在许多传世照片中都可以见到他手举巨大雪茄的情景。布莱德雷回忆录中的深意，不言而喻。

就是这样，美英双方高级将领内心充斥着对彼此的轻蔑和不满，即将踏上解放欧洲之路。

5 月 15 日，盟军最高统帅部在伦敦圣保罗学校蒙哥马利的司令部里，召开“霸王计划”实施前的最后一次审查会议。盟国方面对这次会议极为重视，英国国王乔治六世、首相丘吉尔和盟军最高统帅艾森豪威尔亲自出席了会议，双方所有重要将领全部到会，英国方面有三军总参谋长布鲁克、海军上将拉姆齐、空军元帅特德、空军上将马洛里、海军上将坎宁安，还有蒙哥马利以下的集团军各级将领。美国方面有布莱德雷、巴顿、霍奇斯等所有与“霸王计划”相关的人员。甚至英国内阁成员也出席了会议。如此众多盟国高级官员出席同一会议，这在二战中是非常罕见的。如果当天遇到德国人空袭，有一颗炸弹落在圣保罗学校上空，二战的历史恐怕就要改写了。

诺曼底登陆前的准备工作：为防备轴心国空袭，盟军在英格兰准备了大量40毫米博福斯高射炮

人类历史上空前的登陆行动即将开始，所有的细节都需要进一步协调、落实，即使冒着一定的风险，盟军也必须召开这样一次会议。

美国海军将领莫顿·L.戴约对会议场景的描述，可以使人们更加深刻地理解这次会议的重要性。他写道：

当我们在又窄又硬的长凳上坐下后，会议厅内鸦雀无声，安静得让人透不过气来。这是我们第一次有机会对其他人的具体任务进行了解。我们知道，只有上帝保佑，才能把这么多的齿轮恰到好处地组合在一起。一旦有一个环节失误，就可能使各种力量失去平衡，从而造成全局混乱。在座的所有人都意识到了处理好这些零件的严重性。

艾森豪威尔首先致开幕词，而后蒙哥马利、拉姆齐海军上将、马洛里空军上将分别详细介绍了各自的作战方案。午饭时，巴顿恰好和丘吉尔坐在一起。首相问巴顿是否还记得自己，巴顿做了肯定的回答。丘吉尔开心地为巴顿要了一杯香槟。下午的会议一开始，英国国王率先向与会诸将领表示了问候，接着包括布莱德雷在内的10几名盟军将领分别解释了自己在即将到来的登陆战中所承担的任务，最后丘吉尔首相做了总结发言。

诺曼底登陆之前，艾森豪威尔（左）陪同丘吉尔视察美国滑翔机和伞兵部队

在会上，巴顿基本上处于一言不发的状态，为不能参与“霸王计划”第一阶段——诺曼底登陆——人类军事史上这一空前盛举而产生的强烈失落感，令他面色凝重、独自向隅。但在日记中，巴顿却对这次会议做了很生动的记述：他评价乔治六世“费尽气力想把话说顺而不结巴的样子真让人难受”；他认为布莱德雷的发言“言简意赅”；他对丘吉尔的总结发言最为欣赏，巴顿写道：“这是一篇富有战斗激情的讲话，比前面任何人的讲话都更有价值。”

布莱德雷在回忆录中关于丘吉尔发言是这样记载的：

我们都知道丘吉尔曾极力反对“霸王”作战计划，他现在却说：“先生们，我对这一计划的立场越来越坚定了。”

这话明显带有一种揶揄的味道。

一向对英国人不感冒的巴顿，却给予首相的讲话以极高评价，令人颇感疑惑。或许和午饭时，首相特意为他叫的那杯香槟有关？那就不得而知了。真实历史的细节，后人永远难以厘清。这也正是历史学科的迷人之处。

为了与美军将领联络感情，蒙哥马利决定邀请布莱德雷和巴顿一起到自己设在朴茨茅斯的司令部共进晚宴，登普西和克里勒作陪。为了共同赴宴，5 月 31 日晚，巴顿乘车来到布莱德雷的司令部，第 1 集团军特地安排了摩托车开道和红地毯的礼遇，这让巴顿感觉非常开心。第二天，在蒙哥马利司令部的那顿晚宴非常丰盛，大家频频举杯，预祝即将到来的胜利。席间，大家还打起赌来。蒙哥马利尤其嗜赌。他特地准备了一个本子，将战争期间所有与人打赌的内容、赌资都记录下来，而且还有双方签名。在今天来看，这个本子绝对称得上是文物了。蒙哥马利自称，他从不主动提出和别人打赌，但如果感觉胜率比较大，他还是很愿意下注的。为此，蒙哥马利赢了不少钱，他把这些钱都捐给了自己欣赏的慈善团体。蒙哥马利坚信战争将在 1944 年 11 月 1 日以前结束，布莱德雷认为他过于乐观。俩人为此各下注 5 英镑。布莱德雷表示，如果蒙哥马利赢了，那这将成为自己输掉的最愉快的一次赌局。酒酣耳热之际，大家谈起了战后欧洲的前途，巴顿和蒙哥马利又赌了一局。说是一局，实际上是两局。蒙哥马利在回忆录中写道：

巴顿和蒙哥马利将军各赌 100 镑，在目前的战争终了以后，英国军队 10 年内将在欧洲卷入另一场战争。

巴顿将军和蒙哥马利将军打赌，战争结束之后，在英国利物浦一年一度举行的障碍赛马中，冠军将为美国人的马——赌注各 10 镑。

当晚，巴顿情绪很高，宴会临结束之前，他提议说，“最年长的陆军司令在场，我想提议为蒙哥马利将军的健康干一杯，并告诉他，在他手下我们很满足。”酒真是个奇怪的东西，几杯下肚，令自北非开始就互相心存芥蒂的巴顿和蒙哥马利亲热得像一对兄弟。宴会之后，巴顿特别写道：我对蒙哥马利的印象要比原来好多了。这种良好的印象没过多久，就被美英两军协同作战中的巨大分歧所打破。但无论如何，蒙哥马利的宴会还是取得了预期的效果。

次日，巴顿和布莱德雷在机场告别。面对即将踏上征途的战友，想到有可能这是最后一次告别，巴顿心潮澎湃，他一边紧紧地握着布莱德雷的手，一边捶打着对方的肩膀，动情地说道：布莱德雷，祝你走运。但愿我们早日重逢。巴顿巨大的手掌中，传递着心中的火热，这里面既有急于参战的期许，又有对第 1 集团军早日凯旋的美好祝愿，更包含着依依惜别、互道珍重的浓浓战友情。

相关链接：

M1 伽兰德步枪：

美国二战时期步兵制式武器，全世界第一款大量服役的半自动步枪，也是二战时期最为著名的步枪之一，因其设计者约翰·伽兰德而得名。1920 年，伽兰德开始设计半自动步枪，1936 年正式命名为“美国.30 口径 M1 制式步枪”，简称 M1 步枪。1937 年 M1 伽兰德步枪取代了 M1903 式斯普林菲尔德步枪，正式成为美国陆军的制式武器。该枪发射 7.62 毫米口径，全长 1107 毫米，带刺刀全重约 4.75

公斤，有效射程 730 米，弹仓容量 8 发。作为半自动步枪，M1 采用导气式工作原理，子弹击发后部分火药气体由枪管下方靠近末端处一导气孔进入导气管内，推动枪机回转实现解锁，后坐过程中完成抛弹壳动作，同时形成待击状态，由于实现了连续射击，使得 M1 的持续火力和射速远远超过同时代的德国毛瑟 K98、日本三八式、苏联莫辛纳甘等手动步枪。该枪被公认为二战期间世界上最好的步枪。M1 共生产了 5468772 支，二战结束后，还大量出现在中国解放战争、朝鲜战争、越南战争的战场上。作为美国援助国民党的军用物资，该枪大量进入中国，由于其 8 发的弹仓容量，被俗称为“大八粒”。

/ 最长的一天 /

6 月 3 日，布莱德雷全副武装登上了自己的指挥舰——美国海军“奥古斯塔”号重型巡洋舰，准备出发。下午，最高统帅部传来消息，天气不利于航行，暂时待命。6 月 4 日，伦敦气象台预报，英吉利海峡将出现强大风暴，艾森豪威尔决定将行动推迟到 6 月 6 日。

5 日清晨，布莱德雷接到艾森豪威尔的命令：D 日不变，6 月 6 日，星期二。当天傍晚，由近 5000 艘各种船只组成的巨大船队在薄薄的暮色中出发了，驶向海峡的那一侧，去解放欧洲，消灭法西斯。

诺曼底登陆前夕，美军等待离开英格兰

登陆作战发起的三个月之前，1944 年 3 月 20 日，希特勒向西线德军陆海空三军将领发表过一次讲话，仔细阐明了他本人对西线战事的看法，他指出：

很明显英美联军必然在西线实施一次登陆战，至于它怎样来，和从什么地方来，谁也难以预知。同样的，对于这个问题要做某种猜想也是不可能的。不管他们的船只如何集中，都不能算作一种证据……使我们足以确定他们是在绵长的西线上，会在哪一个地区实施登陆……这种船只的集中是可以移动的，所以他们可以实施声东击西的诡计……无论在何种情况下，敌人的登陆作战，绝不可以使它延长到几个钟头，或者至多一两天的时间——迪耶普之战（作者注：1942 年，加拿大军队对法国海岸发动的一次失败的进攻）就是一个范例。

希特勒的讲话回避了德军内部关于反登陆作战方针存在分歧的事实。以龙德施泰特为首的一批德军将领主张以逸待劳，先将盟军放进来，然后再组织强大的装甲集团进行有力的反击，最终将其赶入大海。他们认为目前在西线驻守的德军都是从东线调来的百战精兵，打起运动战来，盟军根本不是对手。在北非深刻领教过盟军强大空中优势的隆美尔，大声疾呼，在战争初期靠战车横冲直撞的年代早已经一去不复返了。他指出，一旦盟军在滩头站住了脚，就会以最快的速度将重型火力全部送上岸，原则上讲德军可以组织机动部队予以迎击，但是在盟军强大的空中打击力量之下，德国机动部队几乎无法到达滩头。这是在北非战事中，隆美尔取得的血的教训。因此他极力主张，战略部署应前重后轻，应该尽最大努力将盟军消灭在海滩上。

大量虎式坦克运往前线。德国人期望虎式能够让他们重现1940年的辉煌

希特勒对隆美尔的意见，半信半疑。他无法想象，盟军的空中力量能强大到令德国装甲部队寸步难行的程度。几经周折，隆美尔说服了希特勒同意了自己的观点。结果第二天，希特勒又推翻了自己的意见。隆美尔为此无奈地感叹道：谁最后走出他（作者注：指希特勒）的房门，谁就是对的。

到5月份的时候，隆美尔似乎已经嗅到了诺曼底方向的危机。他提出调整驻法德军高炮部队的配备，加强科唐坦半岛和阿弗朗什地区的防御力量，并在诺曼底附近的海域中大量布雷。但是这些提议，基本上都没有得到采纳。

6 月 3 日，德军通过气象观察，认为 6 月 5 日到 8 日之间，天气和潮汐对盟军极为不利，基本可以排除登陆的可能性。同时，空中侦察也没有发现任何登陆作战的迹象。隆美尔放心了，于公于私，他都要赶紧回一趟德国去：6 月 6 日，是他妻子露西·玛利亚·莫林的生日，隆美尔夫妇感情甚笃，在信中他经常亲昵地称露西为“亲爱的露”，这是于私；于公，他此次的德国之行，是准备面见希特勒，再次要求加强诺曼底方面的防御力量。6 月 5 日，隆美尔乘汽车，回到德国去了。

6 月 5 日，当天空完全黑下来之后，守在诺曼底海滩工事中的德国士兵就听到飞机的嗡嗡声，接着巨大的爆炸声便从远处传来。从 1944 年 3 月开始，艾森豪威尔就命令盟军空军放弃对德国本土的轰炸，而把全部炸弹倾泻于集结在法国西部的德军头上。为了进一步迷惑德军，艾森豪威尔还特别规定，每向诺曼底投一吨炸弹，同时就要向加莱投两吨，派遣侦察机也务必参照这一比例。对于盟军的夜间轰炸，诺曼底德国守军已经习以为常了，并没有预感到什么危险。

美军轰炸机机组人员完成诺曼底登陆火力支援任务后，胜利归来

诺曼底登陆前夕，艾森豪威尔慰问美国伞兵部队

慢慢地，德国人觉得不对劲儿了。轰炸的密集程度随着时间的推移，越来越加剧，一个小时甚于一个小时，很快就达到了空前猛烈的程度。午夜过后，更有大批盟军飞机向欧洲大陆飞来，由 1.6 万名美军和 8000 名英军组成的空降部队成为首批踏上欧洲大陆的盟军。德军在海峡沿岸的雷达早已被近来盟军的狂轰滥炸所摧毁，空军因为天气恶劣未派出值班巡逻飞机，海军也停止了正常的巡逻。所以，盟军巨大船队通过海峡时，德国方面竟然没有得到丝毫预警。5 点 30 分，已经就位的盟军舰队开始炮轰，进行火力准备，与此同时大批飞机铺天盖地而来，对诺曼底海滩实行地毯式轰炸，顷刻之间，寂静的海岸化成了一片火海。紧接着，美英地面部队乘坐登陆艇开始抢滩登陆。

最后的时刻到来了，美军登上登陆艇，向诺曼底海滩进发

没有死于盟军舰炮、空袭的德国士兵，拿起武器，进入残存的工事，开始猛烈反击。他们知道决定纳粹德国生死存亡的一战，到来了。

登陆艇舱门打开，美军士兵开始抢滩

美军在奥马哈海滩遭到了重大挫折，登陆 6 个小时的时间里，几乎未能前进一步。德军在那里驻扎有两个团的精锐兵力，不仅筑有严密的防御工事，而且地形对盟军更为不利。德国人在水下设置了三道钢铁和水泥障碍物，上面还挂上了水雷。美军抢滩时，正赶上海水退潮，海滩上无遮无拦，在 200 多米宽的正面上，美军完全暴露在德国守军的火力之下。再往前是一道防波堤，在它的后面是沙丘和陡壁，德国人挖了5条宽大的壕沟，把陡壁割裂开来。再加上事先埋设的大量地雷和守军猛烈的火力，奥马哈海滩成为美军惨遭屠戮的巨大修罗场，无数美利坚优秀青年的残破肢体，零散的枪支零件……遍布整个海滩，令人惨不忍睹。历史学家莫里森写道：

总之，德国人已为在那里准备登陆的美军设下了可怕的死亡地域。即便是日本人在硫磺岛、塔拉瓦岛和贝加尔湖的防卫也都无法与之比拟。

作为直接指挥登陆作战的美军最高指挥官布莱德雷，在若干年后撰写回忆录时仍然心有余悸，沉痛不已：

对“奥马哈”海滩的攻击却像一场噩梦。直到今天，每当回忆起1944年6月6日这里发生的残酷战斗的情景，仍会令人不寒而栗。战后，我曾多次到那里凭吊那些战死滩头的勇士。他们和那些幸存的老兵们永远不会被人们忘记，当年，所有踏上“奥马哈”海滩的人都是英雄。

众多以诺曼底登陆战为背景的二战影片均对“奥马哈”海滩争夺战有所反映，美国著名导演斯皮尔伯格拍摄的《拯救大兵瑞恩》开片将近半个小时的桥段，就是该战的真实再现。

滩头的战斗直到美军主要指挥官上岸才逐渐有所改观。美第29师副师长诺曼·D.科塔准将在德军密集的火力下，站直身体，向士兵们大声疾呼：在这海滩上的只有两种人，一种是死人，一种是等死的人。跟我冲出这个鬼地方。在他的鼓励和带领下，战士们鼓起勇气向敌阵冲去。到下午1:30分，布莱德雷接到战报，突击部队已经在海滩上牢牢地站住了脚。到了傍晚，已经有大约3.5万名美军士兵登上了“奥马哈”海滩，并控制一块宽约8公里，纵深接近3公里的阵地。

诺曼底登陆作战期间，正在等待前往野战医院的美军第16步兵团伤员

英军抢滩作战较为顺利，自西向东，分别占领了“黄金”、“朱诺”和“索德”三处海滩。在“犹他”海滩登陆的美军与“奥马哈”

海滩的兄弟比起来简直就像度假，防守在那里的只有德国步兵一个团。该团是以德国预备役军人为骨干，主要力量大部分由格鲁吉亚籍反共的俄国人组成，装备简陋，士气更为低迷。美军仅以伤亡 197 人的微小代价，便轻松占领了那里。而在“奥马哈”美国士兵仅阵亡者就高达 2500 余人。

尽管付出了高昂的代价，据保守估计，盟军当天伤亡或失踪人数应在 8000 名左右，但是登陆第一天盟军取得的战果还是令人瞩目的：德国人苦心经营 4 年之久的大西洋壁垒被撕开了一道巨大的豁口，共有 15.6 万盟军士兵踏上了法国的土地。

D 日当天，美国后续部队源源不断开到

到 6 月 10 日，盟军已将各滩头阵地连成宽 90 多公里、纵深约 15 公里的一片，阵地得到巩固。

相关链接：

M3 冲锋枪：

由于受到产量、工艺、成本等因素的影响，汤姆森冲锋枪一时难以满足美军的战场需要，于是 M3 冲锋枪应运而生。该枪大量采用冲压工艺，在降低成本的同时极大地提高了产能。1943 年秋，美军开始装备 M3 冲锋枪。一线士兵因为其外形独特，而称之为“黄油枪”。M3 由于操作简单，火力强大，深受士兵青睐。美国曾将大量 M3 冲锋枪援助国民党打内战，最后多成为人民解放军的战利品。《红日》《渡江侦察记》等国产老电影中，经常能看到该枪的身影。

/ 巴顿来了 /

盟军在诺曼底成功登陆后，德国方面仍然未能做出准确的判断。希特勒一面命令诺曼底守军死守的同时，调动法国南部的德军前往增援，一面又要求驻守加莱地区德国将近20个师的重兵集团按兵不动，严密防守，随时准备击退巴顿即将发起的进攻。至此，德国上下仍然认为盟军在诺曼底的大规模行动是佯动，真正的登陆作战将在加莱展开。布莱德雷在战后曾经客观地评价道：

假如希特勒在最初几天或一周之内，投入这些部队进行反击，或许还能把盟军赶过“大西洋壁垒”，逐进大海。

然而历史没有假设，希特勒和他的元帅们就这样彻底丧失了反击的机会。从这个意义上讲，巴顿在诺曼底登陆作战中发挥的巨大“疑兵”作用，在二战史上是永远值得铭记的。

即使纳粹德国在战略方向的判断上没有出现失误，也很难挽回战局。德军元帅克鲁格坦陈：

敌人的制空权，无论从时间还是空间上来看，都足以限制我军的一切活动，使我们无法准确估计出时间。因为当一个师级兵力的装甲或摩托化部队，只能在夜间或恶劣天气下运动时，这种作战当然只能囿于有限的目标了。假使能有充分的高射炮防御，再把兵力分为小型的装甲战斗群，则在白天行动还是有可能的。

隆美尔在战前的预言不幸被证实了。在盟军空军的狂轰滥炸之下，德国军队在白天几乎难以运动。

即便如此，德军在诺曼底地区的反抗还是异常激烈的。经过登陆初期的短暂顺利之后，盟军的推进越来越为缓慢。蒙哥马利久攻卡昂不克，使得盟军无法在卡昂以南建立机场。美军在攻占瑟堡港后，遇到恶劣天气，大雨滂沱，装甲部队陷入一片泥泞之中，行动迟缓，空军也无法正常起飞支援地面战斗。特殊的地形，更给盟军带来了巨大的困难。德军借助诺曼底地区特有的灌木围田进行顽强抵抗。战场进入胶着状态。盟军最高统帅部意识到，动用预备队的时候到了，艾森豪威尔和布莱德雷都期望，巴顿的到来能够开辟一个新的局面。

第3集团军的登陆地点有两个方案，一是加莱，一是瑟堡。巴顿倾向于前者。德国在此处驻有重兵，第3集团军选择这里作为登陆点势必与德军爆发残酷的血战。但是巴顿认为，即便登陆时付出惨重的伤亡代价，一旦成功占领滩头阵地，此后的损失会更小一些。他的脑海里只有一个念头，在两栖登陆作战时，我们应该尽可能在接近目标的地方上岸，而加莱比瑟堡更接近于目标。当然，人们都清楚，巴顿的这个目标是指攻打德国中心地带并最终彻底摧毁纳粹德国。然而最终，盟军最高统帅部为第3集团军制定的登陆地点仍然是瑟堡。

诺曼底前线已经打成了尸山血海，巴顿却在连硝烟味都闻不到的海峡那侧，这怎能不让他心急如焚呢。屋漏偏遭连夜雨。7月1日早上，一块沉重的防空帘砸中了巴顿的脚，最后不得不把指甲拔掉。这次意外，给巴顿带来了巨大的烦恼，他担心因为脚伤而引发的行动不便会妨碍即将到来的指挥作战。不过万幸的是，由于治疗及时，再加上自身强大的抵抗力，巴顿的脚伤很快就痊愈了。

在这段焦急等待的日子里，除了视察部队，巴顿做得最多的一件事便是研究地图。他仔细规划了第3集团军登陆后可能的行军路线，对一些可能成为战场的重要地点的地势高低、河流走向、地理环境从图上做了认真考察。耐人寻味的是，巴顿的这些图上作业，都是在一份比例尺为一百万分之一法国公路图上完成的。稍具军事常识的人都知道，通常的军用地图比例尺均为五万分之一。与巴顿所用的这份地图相差20倍，难道巴顿连这点常识都没有吗。当然不是。他有自己独到的见解：作为高级指挥官，小比例尺的地图最实用，最高长官需要做的是掌握全局、掌控形势，作出总的决策，确定进攻地点——通常是水陆交通枢纽，占领了这些地方便能扼制敌人的发展态势，给其以最沉重的打击。大比例尺地图，适用于下级军官负责制订具体作战计划时用，他们需要认真勘察战地的每一处细节，当然要越仔细越好。

闲暇之余，巴顿认真读了一本书，19 世纪英国著名历史学家爱德华·奥古斯塔斯·弗里曼所著的《诺曼人征服英国史》。对大多数人来说，弗里曼这个名字可能较为陌生。为众多读者所熟知的“历史是过去的政治，政治是当前的历史”，这句西方史学界的名言，便是这位非常重视历史对当前政治借鉴作用的弗里曼提出的。《诺曼人征服英国史》共 5 卷，初版于 1825 年，详细记述了 11 世纪诺曼底公爵威廉征服英国的历史。巴顿认真阅读了这部历史著作，并特别留意了威廉在诺曼底和布里塔尼作战时所行经的那些道路。巴顿认为，这些道路在今天也有可能仍然可以通行，登陆后一旦我方交通运输线被德国人破坏，可以迅速借助这些古老的道路达到出其不意、攻敌不备的显著效果。可见，“古为今用”的道理早已超越了东西方文明的界限，适用于整个人类的社会生活。特别值得一提的是，巴顿对这本历史著作的认真研读，更为作者弗里曼的那句名言提供了有力的实证。

7 月 6 日，上午 10 点 25 分，巴顿乘坐一架 C-47 军用运输机在 4 架 P-47“雷电”战斗机的护航下，离开英国前往欧洲大陆。

当法国海岸线逐渐映入眼帘的时候，巴顿不禁感慨万千。毕竟，距离上次经过这里已经整整32年过去了。

1912年7月，第五届夏季奥运会在瑞典首都斯德哥尔摩举行。与往届不同，在顾拜旦的倡议下，本届奥运会增加了现代五项全能比赛，一直延续到今天。据说，该运动起源于拿破仑时代的陆军单兵技战术。当年，有一位法国军官奉命骑马去送信，途中遭遇一名持剑敌军的阻拦，军官以娴熟的剑术将其击倒。这时，他的坐骑被敌兵开枪击中，军官举枪射杀敌兵后，泅渡过河，顺利将信件送达。顾拜旦就是根据这个传说创立了现代五项。它包括马术、击剑、射击、游泳、越野跑等共5个项目，属于军事训练综合项目，因此参赛的运动员几乎都是军人。年仅27岁的巴顿，作为美国选手参加了这次比赛。在43名参赛者中，巴顿取得了令人瞩目的成绩：游泳第6名，击剑第3名，骑术第3名，越野跑第3名。稍感遗憾的是，在射击比赛中，裁判判定巴顿有两枪脱靶，因此他的成绩仅排在第21名。巴顿向裁判进行了申诉：自己用的是大口径手枪，弹头在靶纸上留下的弹孔比较大，那两发子弹从弹孔中穿过去了。但是裁判最终还是判定为脱靶。巴顿后来回忆当时的情景时，写道：

整个比赛过程中所表现出的运动员们的锐气和宽容，有力地证明了当代军官的本色，没有人抗议裁判判决不公，没有人为了成绩而急躁，每个人都尽了自己最大的努力，像真正的军人那样坦然地面对最后的结果。比赛结束时，我们都像是朋友，像是战友，却不像是经过了一场激烈对抗的对手。

最终，巴顿的总成绩排名第5，前4名都是东道主瑞典的选手。

负责管理组织军队选手的弗尔兹上尉对巴顿的表现给予了充分肯定。他指出，巴顿在这场高难度的全能比赛当中，表现极为突出，如果不是因为过度紧张，很有可能获得冠军。并特地向美国陆军部提出，给予巴顿适当的嘉奖。

巴顿本人极为珍视这次比赛的经历。若干年后，功成名就之际，有记者采访他，巴顿满怀深情地谈道：

> 参加第5届奥运会才是我一生的骄傲和荣誉。当时，我在300米自由泳的比赛中拼尽了全力，上岸后便休克了。醒来后，我告诫自己一定要拼下最后一项4000米越野赛。你可能体会不到一个人休克后醒来再跑4000米的滋味，但我体会到了。我不但跑完全程，还得了奥运会这个项目的第5名，这才是我一生的骄傲、我一生的荣誉。

奥运会结束后，巴顿取道法国回国。

32年后，即将带领麾下十万虎狼之师重返欧洲大陆，在飞机座舱中俯视着海面的巴顿怎能不心潮起伏。

到达法国瑟堡半岛东部之后，即便是久经战阵的巴顿，也被眼前的情景震惊了：海岸边停满了船只，被敌军炮火以及持续的风暴摧毁的军舰还没有来得及清理，浓郁的火药味和尸体的腐臭味道依然弥漫在空气中，巨大的弹坑、散落的枪支零件……几乎遍地都是。

当天下午，巴顿就赶到布莱德雷的司令部，和美军将领讨论下一步作战计划。对于盟军在诺曼底所面临的僵局，巴顿非常不以为然，他在日记中写道：

艾森豪威尔和布莱德雷都没有什么真本事。艾森豪威尔被英国人任意摆布自己却还不知道，可怜的傻瓜……布莱德雷说他将尽快让我参战，他应该马上就这么做，这对他大有好处……柯林斯和布莱德雷就会撤下级的职，这只会让师级指挥官们失去信心。新手指挥新的师部初战失利，不该受到责备……布莱德雷和霍奇斯真是没用。他们的优点就是什么事也不做。如果由我来指挥，3 天之内就能突破敌人的防线。

面对诺曼底地区的僵局，布莱德雷意识到再这样打下去极有可能陷入第一次世界大战般的僵局，必须尽快调整战略部署。7 月 10 日，他提出了“眼镜蛇计划”。布莱德雷准备集中兵力在圣洛地区狭窄的正面，实施对德军防线的突击，攻占阿弗朗什。阿弗朗什位于 5 条河流和 2 条公路的交会处，战略位置非常重要。一旦攻克它，盟军便可以顺利走出令人生厌的丛林地带，进入平原，机械化部队展开后，巴黎指日可下。布莱德雷安排美第 7 军柯林斯部打头阵，为了顺利达成战役目标，战斗打响后，美空军将提供强大的空中支援，对德军据守的地区进行饱和性轰炸。布莱德雷此举是要冒很大风险的，美国空军将要轰炸的是一片呈直角三角形的地域，为了达到战役的突然性，柯林斯所部在战役准备期间应该尽可能地接近该地区。空军飞行员尚未完全掌握精确轰炸技术，这就很有可能造成误伤。为了避免这种情况，布莱德雷精心设计了空军的飞行路线，以保障地面部队的安全。他甚至还考虑到了装甲部队的行动问题，如果路面被飞机轰炸的支离破碎，必将严重影响到机动部队的行军速度。因此，布莱德雷和空军商定，不得使用超过 100 磅的炸弹。

计划原定在 7 月 19 日开始实施。天公不作美，连续的暴雨迫使美军不得不几度推迟进攻时间。7 月 25 日，“眼镜蛇计划”正式开始。由 1500 架重型轰炸机、380 架中型轰炸机和 550 架战斗轰炸机组成的庞大机群遮天蔽日而来，将近 4000 吨炸弹和燃烧弹如暴雨般倾泻在德军阵地上。历史学家马丁·布鲁门森忠实记录了当时的情景：

炸弹把德军阵地夷为平地，火炮、车辆被埋入地下，坦克变成了废铁，通信线路被炸毁……‘眼镜蛇计划’的轰炸至少歼敌千余人。装甲部队的指挥所被摧毁，重型装备几乎损失殆尽。3 个附属空降团实际上被歼灭。德军对美国步兵的进攻只能做微弱的抵抗。

“眼镜蛇计划”的成功实施，彻底打破了盟军自诺曼底登陆以来面临的僵局。但令人遗憾的是，战前布莱德雷虽然进行了精心部署，但是在大规模轰炸中还是出现了误伤，美军中将莱斯利·麦克奈尔中将以下 100 余人被炸死，400 余人受伤。当时，麦克奈尔将军正在前线一个观察所，观察即将开始的进攻。一颗炸弹正好落在他的隐蔽处，他被气浪掀飞了几十米远。轰炸结束后，美军凭借衣领上残存的三颗将星，才最终确认他的尸体。麦克奈尔是二战以来牺牲在前线的军衔最高的美军将领。7 月 26 日，布莱德雷、巴顿、霍奇斯等人亲抬灵柩为老战友送行。

自 7 月 6 日来到法国之后，这 20 天的时间里巴顿在做什么呢？第 3 集团军司令部虽然已经被妥善地安排在了布里魁北克东南一座环境优美的苹果园里，但它的部队并没有全部到位，有很大一部分还在英国。“眼镜蛇计划”中，只有第 8 军等部参加了行动。在此期间，盟军最高统帅部并没有给巴顿安排实际的作战任务，这令他如坐针毡。特别是德国国防军的部分军官制造“七二〇事件”，企图刺杀希特勒的消息传来后，巴顿再也坐不住了，战争有可能就这样结束了。他迅速找到布莱德雷，请求他：看在上帝的份上，在战争结束之前让我参加战斗。否则，我非死在这里不可。巴顿急切求战的心情，令布莱德雷颇为感动：

> 我感到非常惊奇，这种不顾一切的精神有多么大的力量！它激励巴顿驰骋在辽阔的法国疆土。没有任何其他将领可以与他的雷厉风行和大无畏精神相匹敌。

“眼镜蛇计划”初期，巴顿并不以为然，他认为这是一次毫无把握的战斗。顺利突破德军防线的消息传来之后，巴顿由衷地为自己昔日的老部下、明天的上级所取得的胜利感到兴奋，他在给艾森豪威尔的信中热情洋溢地写道：

布莱德雷打了漂亮的一仗，最令我高兴的是，在我投入战斗之前他就快打赢这场战争了。

巴顿深知，“眼镜蛇计划”成功实施之后，将需要大批兵力向法国腹地深入，自己大显身手的时刻就要到来了。

1944 年 8 月 1 日，美第 12 集团军群司令部正式成立，按照事先的安排，布莱德雷出任集团军群司令。当天，巴顿的第 3 集团军也正式成立，下辖 4 个军，分别是米德尔顿第 8 军、吉尔伯特·库尔第 12 军、海斯利普第 15 军和沃尔顿·沃克第 20 军。第 12 集团军群的另外一只铁拳是由霍奇斯率领的第 1 集团军，由杰罗第 5 军、柯林斯第 7 军和科利特第 19 军组成。巴顿和霍奇斯所部加起来共有 21 个师的兵力，其中装甲师 5 个，步兵师 16 个，合计 40 余万人。如果把空军、后勤等全部力量加起来，欧洲战场的美军已经达到 90 余万人。

蒙哥马利的第 21 集团军群包括登普西的第 2 集团军和克里勒的加拿大第 1 集团军，共 16 个师，约 66 万人。

自诺曼底登陆以来，历经两个月的鏖战，盟军终于在欧洲大陆站稳了脚跟。总兵力达到 4 个集团军，37 个师，合计 150 余万人，并拥有占据绝对优势的空中打击力量。希特勒灭亡的日子不远了。

诺曼底登陆成功后，盟军高级将领齐集英国皇家海军阿波罗号巡洋舰，左起：登陆部队海军总司令伯伦特·拉姆齐，盟军最高司令官艾森豪威尔，盟军地面部队指挥官蒙哥马利

8 月 1 日上午，为了庆祝第 3 集团军的成立，巴顿决定和参谋人员一起喝上一杯以示庆祝。结果在司令部里翻箱倒柜，才找出了一瓶所谓的白兰地。大家喝了一点，结果却大倒胃口。劣酒难以入口，但巴顿因大军即将开拔、上阵杀敌的兴奋心情却丝毫没有受到影响。他斗志昂扬地慷慨陈词：今天我们正站在十字路口上。伟大的事件即将到来，部队

马上就要出发投入战斗，我们必须沿着正确的路线全速前进，这可能会导致战争比人们预料的更早结束。巴顿是这么说的，此后的事实证明他也确实是这么做的：全速前进！

当天中午12点，第3集团军正式投入战斗。战神巴顿面目狰狞杀上战场，无论是多么强悍的敌人，都将被他率领的铁甲洪流碾为齑粉。

按照原定计划，第3集团军应该率先消灭布列塔尼守敌，控制半岛上圣马洛、布勒斯特、洛里昂和圣纳泽尔等一系列重要港口。但是巴顿认为，随着战局的变化，这一作战任务已经显得无关紧要了。他把目光放在了距离阿弗朗什以南150公里的法国千年古城昂热。这里是法国著名的文化区，巴黎的南大门。巴顿打算置布列塔尼于不顾，挥军直下昂热，而后直接攻占巴黎。这个计划听起来非常诱人，但也存在一定风险。经过盟军高级军事会议的协商，艾森豪威尔和布莱德雷同意巴顿以米德尔顿第8军进攻布列塔尼半岛，第3集团军其余各部投入东线作战。巴顿认为，布列塔尼之敌已是冢中枯骨不堪一击，那里的战斗将会很快结束。他和蒙哥马利打赌,第8军将于本周六攻克半岛顶端的布勒斯特港。这时已经是周一了。蒙哥马利怎么也不相信米德尔顿能够在短短5天之内实现这个目标，便愉快地下了5英镑的赌资。

大军按照修定的新方案开始行动。然而，新的困难也随之降临。随着战线不断向前延伸，为上百万大军运送物资和给养，成为困扰盟军的主要困难。除了有限的空中运输之外，一切物资都需要经由海上运来，再经阿弗朗什运往各处。阿弗朗什山口仅有10几公里宽，道路崎岖坎坷，各种运输车辆、庞大的装甲部队都要从这里通过，交通变得极为艰难。为了证明自己预见的准确，为了第3集团军的荣誉，也为了那5英镑的赌资，59岁的巴顿就像一台上足了发条的机器，迅速运转起来。他的副官科德曼上校在给妻子的信中，忠实记录了巴顿在战场上的身影：

这老头子简直着了魔，他在那极狭窄的地带来来往往、上上下下跑来跑去。先头装甲部队的车辆一辆接一辆地夜以继日地从那里通过。后头跟着摩托化步兵……他又是推，又是拉，又是鼓劲，又是诱哄，又吼又嚷，非常热闹……他的日子还真是过得有意思！

我确实愿意相信欧洲战区还会有别的指挥官在指挥交通方面能与我们自己的指挥官相媲美，可是巴顿将军有一种惊人的天赋，这种天赋能推动人们投入他们不相信自己能够做到的，或者是不真心想做，即使是不愿做的事情。只有在这位独一无二的，不仅熟悉自己非凡事业并且热爱自己本职的军人的人格和魅力的直接影响下，人们才能这样做。在这方面，我还没有见过或者听说有谁能赶上巴顿一个零头。

全军上下，从军长到普通士兵，都被一个人的巨大干劲带动起来。甚至他的上司也被情不自禁地拖入了他的磁场。原来在高一级司令部冷清的气氛中，只准备拿下一个桥头堡的作战计划，大有可能发展成为席卷整个欧洲大陆的一场赛跑。

巴顿坐着由米姆斯中士驾驶的吉普车出去巡视，后面跟着一辆装甲车。他不时地在最意想不到的地方向米姆斯吼叫说：停车！然后跳下车来干预他喜欢或是不喜欢的局面。在阿弗朗什，看到装甲兵和步兵在过分拥挤的主要街道上吃力地行进时，他爬上广场中央一个有伞遮盖的岗亭，指挥交通整整一个半小时……

他继续驱车向阿弗朗什以东驶去，穿过了纷扰凌乱的乡村。乡村的上空还飘荡着刺鼻的三碘甲烷气味，这主要是野战医院遭到了袭击……在赛厄河和赛鲁河之间，巴顿赶上了由兰德勒姆将军慢腾腾指挥的第90步兵师。巴顿对所看到的一切感到不快。他认为这个师不够标准，士兵邋里邋遢，军纪显得也很差。

巴顿跳下吉普车，在队列中步行了几公里，前后左右跑来跑去，一个接一个地跟士兵谈话。他得出结论，这个师并不像看起来那么糟糕。“这些小伙子们很正常，”他满意地对自己的副官说，“但他们的体质很差，领导得不好。”那天晚些时候，第90步兵师有了一位新的指挥官——雷蒙德·麦克莱恩少将。他曾经在国民警卫队干过，在巴顿的指教下，扶摇直上。在麦克莱恩的指挥下，第90步兵师一跃成为这个集团军最令人自豪的精锐师之一。

巴顿还不时地遇到他喜欢的法国人，即法国国内武装力量的抵抗战士。在巴顿的装甲部队经过后，他们正在对付剩下被打得焦头烂额的小股德军。巴顿每次碰上这样一帮大部分人身着便衣，外衣上挂着三角袖章作为标记的非正规军，他都要停下来用他不太标准但表达有力的法语同他们热情交谈。这些兴高采烈的法国人满腔热情地向巴顿叙述他们与德国佬打遭遇战的毛骨悚然的故事，这些战斗往往是短促的，但一下子就解决问题。啊，老天爷，巴顿干得是多么津津有味啊。

向布列塔尼半岛进军过程中，巴顿和第8军军长米德尔顿产生了战术分歧。米德尔顿是步兵指挥官出身，作风稳健，作战从来都是中规中矩，稳扎稳打，绝不轻易涉险。与巴顿的冒险型进攻风格完全不同。巴顿要求第8军先头部队不顾一切迅速向前推进，尽快攻克布勒斯特，即可大功告成，不必过于担心身后的残余敌人。米德尔顿认为，部队如果一味只求速度若造成后勤补给线拉得过长，两翼保护不能及时跟上的话，一旦敌军采取迂回包抄的战术，就有全军覆没的危险。从军事学角度而言，米德尔顿的看法不无道理。久经沙场的巴顿何尝不清楚这里面潜在的危险。之所以要求米德尔顿快速向前推进，巴顿是基于以下考虑：首先，是对当前敌军实力的清晰判断。他认为，即便部队遭到德军的两翼包抄，也可以轻松扭转被动局面，德国人靠几个装甲师就横扫西欧的日子已经一去不复返了。其次，巴顿与第19战术空军大队的奥托·布兰将军商定，要求他做到随时可以出动飞机保障自己侧翼的安全。

在米德尔顿的进攻序列中，步兵冲锋陷阵在前，装甲部队尾随其后进行支援，并保护后方防止敌人机动部队偷袭。巴顿彻底颠覆了米德尔顿的作战安排，亲自赶到第8军下属第6装甲师格罗师长的师部，要求他立刻出发，把所有坦克和装甲车都开动起来，全速向迪南挺进，一路上不要与敌人纠缠，力争在周六到达布勒斯特。格罗在作战思路上与巴顿较为一致，正因为军长把自己的部队安排在步兵后面而闷闷不乐。接到巴顿的命令后，立刻行动起来。

巴顿此举确实极具风险。在尚未完全掌握敌情的情况下，第 6 装甲师孤军深入 300 余公里，任何人都不得不捏一把冷汗。米德尔顿坚决反对这样做，但巴顿坚持己见，出于无奈，军长只好越级向集团军群司令部做了报告。布莱德雷得知这一情况，非常气愤，他表示不管明天还是 10 天之后拿下布勒斯特都并不重要，他只关心部队的侧翼是否安全。

格罗的装甲部队已经在路上了。一路上风驰电掣，两天的时间就推进了 100 公里。第 6 装甲师在迪南城郊，遭遇到德军激烈抵抗，久战不下。格罗遵从巴顿的意思，立刻撤出战斗，甩开迪南，绕路前进。到 8 月 3 日，他的先头部队距离布勒斯特只有 160 公里了。就在这时，格罗接到了军长米德尔顿的命令：第 6 装甲师所部立刻按照原路返回，夺取迪南，为即将对圣马洛发起的总攻进行战役准备。在布莱德雷的支持下，米德尔顿硬生生地将这只已经打出去的铁拳收了回来。最后虽然在巴顿的大力协调下，格罗仍然按照原计划挥师布勒斯特，但却白白耽误了 24 小时的时间。德军援军就是在这个时间差里，源源开进布勒斯特城。此后，美军为占领该城付出了惨重的代价。也就是在这个时间差里，巴顿未能赢得与蒙哥马利的那场赌注。

即便如此，所有人都必须承认，第 6 装甲师在一周内仅以阵亡 100 余人，负伤 400 余人的微小代价，长驱直入敌境 300 余公里，这种神话只有巴顿才能创造出来。正如马歇尔将军所指出的那样：

布莱德雷将领导这次登陆，但他是个只着眼于有限目标的将领。我们一旦行动起来，巴顿才是那种有魄力、有创造性、迅速果断、敢于迎着危险而上的人。

马歇尔知人善任令人不得不叹服。

8月7日上午，美国空军的一位军官来到了巴顿的司令部。前不久，霍华德·科菲空军中校所驾驶的飞机被德军地面炮火击落，紧急跳伞后，他被自由法国的游击队战士所营救。在游击队保护下，科菲历经三天辗转来到第3集团军驻地，汇报了一项重要情报。在来的路上，他们并没有发现有德军大部队在行动，只是看到了几个正在架设电话线路的德国通信兵。巴顿听到这个消息后，喜出望外，当得知昂热的大桥还完好无损时，他兴奋得简直要跳了起来。昂热，是一座历史悠久的古城，作为法国西北部第三大城市，这里是法国西部重要的水路交通枢纽，距离出海口不到100公里，距离阿弗朗什大概有160公里。巴顿一直准备相机占领那里。确认消息无误后，他当即下令，要求第5步兵师一部，在装甲部队的配合下，立刻向昂热进军，务必拿下这座城市。

第5师的部队抵达昂热后，马上向城内发动了攻击。起初战斗进展很顺利，德国守军似乎不堪一击，但是很快情况发生了变化，大批德国军队从昂热背面赶到，加强城防的同时，开始向美军阵地进攻。

德国人的反攻开始了。

面对盟军的进攻，刚刚在“七二〇”事件中逃过一劫的希特勒更加疯狂了。他要求各地德军严防死守，寸土必争，不许放弃任何一寸土地。上帝欲让其灭亡，必先使其疯狂。殊不知，希特勒此举正中盟军下怀。从“霸王计划”开始，盟军高级将领就一直在担心这样一个问题：成功登陆后，德军大踏步后撤至塞纳河，凭借天险、以逸待劳，集中兵力与盟军展开决战，那样欧洲战争的态势将很难预料。谁料希特勒不但不撤退，他还要反攻。驻扎在法国的德军部队纷纷接到了增援诺曼底地区的命令，他们冒着头顶猛烈的轰炸，缓慢地向前方开进，准备展开全面反击，将盟军赶下大海。

希特勒（右）视察在“七二〇”暗杀事件中被炸毁的建筑废墟

面对这个送上门来的好机会，盟军方面大喜过望，最担心的事情终于过去了。最高统帅部开始考虑对诺曼底的全部德军展开远距离大迂回包围，聚而歼之。如果成功，巴黎将孤立无援，指日可下。布莱德雷正在对该计划进行细化的时候，德国人的反攻开始了。

8 月 7 日，德军对阿弗朗什以东的小镇莫泰恩发动了进攻。希特勒将周边所有能够调动的装甲力量和预备队拼凑起来，对美军所占据的狭长地域实施反突击，企图拦腰一击，将美军分割消灭。此举一旦得逞，盟军花费无数人力、财力，付出巨大牺牲的“霸王行动”将面临失败的危险。当天，巴顿遭到了登陆以来最猛烈的空袭，敌机投放了 200 磅的炸弹和大量燃烧弹。第 3 集团军的一个储备有近千吨弹药的军火库被击中，直到第 3 天还有爆炸声不断传来。同一天晚上，巴顿得到德军将对莫泰恩或阿弗朗什发动攻击的消息。他判断，这是德军在撤退前所进行的掩护性进攻，不必大惊小怪。但是为了慎重起见，他还是命令两个步兵师和一个装甲师暂停行动，做好了迎击敌人的准备。

面对敌人的反攻，布莱德雷非常沉着，他来到巴顿的指挥所，两人就当前的战况交换了意见。布莱德雷向巴顿详细讲解了自己关于远距离大迂回包抄德军的设想。巴顿听了非常兴奋，当场请缨，要求由第 3 集团军完成这一任务。

艾森豪威尔对敌人的反攻非常重视，经过认真分析，他和布莱德雷一致认为，盟军拥有绝对优势兵力和强大的空中支援，完全可以控制战局。

基于这样的认识，布莱德雷提出了一个大胆的设想，以美国第1集团军一部扼守莫泰恩，第1集团军大部保障第3集团军的侧后；巴顿所部由勒芒北上，向阿尔让当方向德军侧后迂回；加拿大第1集团军经卡昂向阿尔让当进攻，同巴顿在法莱斯会师，彻底完成对德军的合围。这样不必采取大的迂回包抄，便能在几天之内将诺曼底德军主力——德国第5装甲军和第7集团军的20个师，全部装入包围圈。与此同时，盟军空军对塞纳河各主要渡口进行不间断的轰炸破坏，阻止德军北窜。蒙哥马利得知这一计划颇感吃惊，毕竟莫泰恩的安危关系到整个战局，但作为一名战场经验极为丰富的指挥官，他还是一下子就领会了布莱德雷的战略意图以及其中蕴含的绝佳战机。蒙哥马利在电话中，充满激情地鼓励布莱德雷道：你必将取得胜利。

这个计划就是二战史上著名的“法莱斯包围战”。

新方案成功与否，很大程度上首先要仰仗于加拿大部队能否迅速拿下法莱斯。巴顿为失去了一次展现自己指挥、协调远距离包抄战术的机会，而略感失落。其次，就是要避免可怕的误伤。两支大军向同一个方向运动，空军轰炸机群在前、炮兵在后提供强大的火力支援，两支部队都在不停地向着轰炸线前进，一旦协调不好，两军合拢时极有可能造成空军对地面部队的误炸，双方的炮兵也可能进行相互炮击。“眼镜蛇计划”中发生的惨剧，仍然令大家记忆犹新。为此，布莱德雷对美英两军的作战区域进行了严格划分。

8月10日，巴顿麾下的第15军海斯利普部从勒芒转而向北，同时加拿大第 1 集团军向南直扑法莱斯，双方同时推进。美第 12、第 19、第 20 军也分别行动起来，进行战役集结。海斯利普的部队行动一开始，德军就察觉到了盟军的意图，立刻准备放弃莫泰恩，后撤至塞纳河，摆脱盟军的包围。但这一设想遭到了希特勒的反对，他坚持要求德军攻占莫泰恩，进一步威胁阿弗朗什。次日，随着战局的进一步明朗，希特勒嗅到了潜在的危险，立刻调整部署，要求德军放弃莫泰恩转而攻击海斯利普的侧翼，以扭转双方态势。布莱德雷立刻派出柯林斯第 7 军护卫海斯利普的侧翼。

8 月 12 日，海斯利普到达阿尔让当的时候，加拿大第 1 集团军进展缓慢，仍在距离法莱斯以北 10 公里附近的地方苦战。海斯利普等不及了，他报告巴顿称自己已经到达指定地点，但是还看不到加拿大军队的一点影子，要求继续向北进攻。巴顿为了抓住稍纵即逝的战机，来不及向布莱德雷请示，就要求第 15 军向法莱斯方向开进，接应加拿大军队。8 月 13 日，海斯利普的先头部队越过阿尔让当，逐渐接近了法莱斯。

布莱德雷得知这一消息后，大为光火。战前自己费心劳力划定的作战区域，就是为了避免误伤，巴顿擅自同意海斯利普继续北进，就等于是将第 15 军置于己方的炮火之下。而且这样一来，海斯利普的战线拉得过长，一旦被德军捕捉到战机，靠一个军的力量很难应付被动的局面。最为关键的是，巴顿此举等于美军单方面破坏了盟军之间的协议。布莱德雷深知，蒙哥马利对英、加军队在这一战中的表现期望值很高。如果海斯利普赶在加拿大军队之前占领法莱斯，蒙哥马利必定颜面扫地，将极大破坏两军合作的局面。布莱德雷通过电话强令巴顿禁止部队进入法莱斯。巴顿正沉浸在胜利在望的狂热之中，他对昔日的老部下、今天的顶头上司口放狂言：我要向法莱斯前进，把英国人赶下大西洋，让他们再来一次“敦刻尔克”。布莱德雷没有理睬巴顿的态度，而是坚决命令15军必须停止前进，就地设防。巴顿最终只得服从命令，放下电话后，他对部下发泄着对布莱德雷的不满：为什么第15军要在穿过阿尔让当的这条东西线上停止前进？这必将成为一个具有重大历史意义的问题。的确，这件事成为日后“法莱斯包围战”未能全歼德军，引发盟军内部互相指责的一个重要节点。

除了巴顿的第3集团军外，其他美军各部也遇到了几乎相同的问题。美军前线指挥官通过电话、电报，不断向布莱德雷进行抱怨。由于受到近乎苛刻的作战区域的划分限制，而英、加军队不能及时就位，只能眼睁睁放跑德国人。在艾森豪威尔的支持下，布莱德雷反复说服美军将领务必遵守各集团军群之间分界线的重要性，否则就有可能导致友军之间的战斗。艾森豪威尔也非常清楚，美军运动速度如此之快，几乎不可能与蒙哥马利确定取得协同的准确时间表。除非命令部队停止前进，这样做必然会放跑一部分德军，但盟军统帅部必须面对这个现实，否则只能迎来一场自相残杀。

由于加拿大军队未能及时堵住“法莱斯缺口”，使得相当一部分德军成功突围。8月14日，蒙哥马利写信给布莱德雷：很难说有多少德军还装在口袋里，有多少已向东部逃窜。不过相当数量的敌人已经逃脱了。所有人都为此感到失望。盟军统帅部决定立即采取补救措施，蒙哥马利继续督促加拿大部队猛攻法莱斯，争取将缺口堵住，同时布莱德雷指挥美军进行大范围远距离迂回，阻止德军撤过塞纳河。第3集团军的目标是向东北进发，力争抢在德军之前，控制住塞纳河沿岸渡口。接到新任务，巴顿非常兴奋，为了避免再次节外生枝，他命令各军立刻开始行动。

8月15日，当布莱德雷收到新的情报后，简直被惊呆了：德军主力并没有撤走，在阿尔让当附近至少还有5个装甲师。这样一来，巴顿的行动等于将侧翼直接暴露在德军火力之下。布莱德雷亲自赶到巴顿的指挥部，取消向东北迂回的作战任务，掉头返回。集团军群司令部的命令一日三变，令巴顿既气愤又无奈，他在日记中写道：

布莱德雷来到我的指挥部，他很紧张……看来，他的座右铭是“有疑即停”……我要是最高统帅就好了。

次日，德军主力的突围正式开始了。他们集中大部分装甲部队，向驻守在阿尔让当的美军第90师展开了疯狂进攻。在麦克莱恩的沉着指挥下，第90师守住了阵地。当天，加拿大部队终于攻克了法莱斯。从“霸王计划”开始实施之前，蒙哥马利就放出话来，自己的装甲部队在登陆当天，就可以推进到法莱斯。事实是，他的部队经过了整整71天，才占领这个小镇。

19日，美、加部队终于在查博伊斯会师，将包括5个装甲师在内的12个德国师包围起来。但遗憾的是，由于兵力不足，8月20～21日之间，有4万多德军突出了包围圈，并成功逃过塞纳河。

21 日，法莱斯战役结束。是役，德军伤亡约 1.5 万人，被俘约 5 万人，重型装备丢失殆尽。

艾森豪威尔的回忆录中忠实记录了当时战场的惨状：

毫无疑问，法莱斯战场在任何战争区域中都是最大的“屠宰场”之一。大小道路、田间地头，遍布被摧毁的装备以及人和动物的尸体，要穿过这一地域都非常困难……所见到的场面恐怕只有但丁才能用语言描述。毫不夸张地说，在几百码距离之内，脚下除了尸体之外一无所有。

法莱斯战役虽然取得了巨大战果，但是盟军却在占据绝对有利的形势下，由于各种原因未能全歼德军，使其大量有生力量逃过塞纳河，不能不说是一大遗憾。在日后的战斗中，盟军不得不为此付出高昂的代价。

围绕这一战役的是是非非，无论是当事人，还是后代史家，都留下了诸多争议。

关于谁是“法莱斯包围战”最初倡议者的争论最为激烈。

蒙哥马利在荣誉和利益面前从来都是当仁不让，他说：德军对莫泰恩的反击使我决定在法莱斯与莫泰恩之间合围，将诺曼底的全部德军装入口袋，一举歼灭。8 月 8 日，我下令美国第 12 集团军群掉头北上全速夹击。巴顿的传记作者拉迪拉斯·法拉格认为在盟军其他高级将领意识到这个问题之前，“巴顿已经在战场上实施这一作战意图了”。布莱德雷的态度更为简单明了，“我要坦率地向人们宣布：此计划出自我手”。还有人将其归功于艾森豪威尔，是“艾森豪威尔命令巴顿的部队向东北方向调头，这样便在塞纳河畔将德军装进了套子”。而艾森豪威尔本人在他的个人备忘录和回忆录中则非常诚恳地指出：布莱德雷当机立断，在莫泰恩保留最小规模的兵力，而令其他部队向南、向东攻击，包围德军。美国陆军官方历史学家马丁·布鲁门森荣认为布莱德雷是最先提出这项计划的。

巴顿对于这一争论的回答最为简单公正。1944 年 9 月 7 日，在一场记者招待会上，有记者问巴顿“法莱斯包围战”究竟是“霸王计划”的既定方案，还是根据敌情变化而做出的临时决定。巴顿极为肯定地回答：这是布莱德雷的“即兴之作”。我原以为他要我挥师向东，可他却要我掉头北上。

“法莱斯包围战”首功非布莱德雷莫属，这是毋庸置疑的。

至此，诺曼底战役彻底结束了。据蒙哥马利统计的数字显示，自 1944 年 6 月 6 日盟军开始向诺曼底海滩发起攻击起，至 8 月 21 日法莱斯包围战结束止，共有约 40 个师近 40 万德军被消灭，师长以上军官阵亡或被俘者达 20 人，除人员伤亡之外，纳粹德国还损失了大量重型武器装备，包括 3000 余门火炮和 1000 多辆装甲车辆。盟军方面也付出了惨重的代价，伤亡和失踪人员接近 20 万，其中有三分之二为美军士兵。

然而巴顿所部第 8 军对布列塔尼半岛上布勒斯特等港口的争夺还在继续。事实上，布列塔尼半岛上这些港口的战略意义，随着盟军向法国内陆的逐渐深入正在逐步降低。圣马洛的德军拼死顽抗，米德尔顿督促部下不断进攻。结果，一个意外令第 8 军颇为轻松地取得了胜利。一个在美国出生的德国兵，被俘后在第 8 军某部的炊事班担任警卫，他说服了两个德国兵切断了德国守军的饮用水，迫使圣马洛守军投降。但是其余的德国部队撤进了布勒斯特等 3 个港口，继续死守。盟军最高统帅部准备放弃对布勒斯特的强攻，只留小部队对其进行监视，而将第 8 军主力调至其他战线。但是遭到了布莱德雷的反对。他和巴顿谈起关于布勒斯特之战时，动情地说道，我们必须攻占布勒斯特港，目的是要保持美军战无不胜的形象。作为老战友，巴顿几乎从没见过布莱德雷如此深情外露，感动之余，第 3 集团军司令信誓旦旦地向自己的长官表示，完全同意他的观点，无论什么时候，只要我们着手干一件事情，就必须善始善终地完成好它。

一直到 9 月 19 日，对布勒斯特港艰苦卓绝的围攻战，方才徐徐落下大幕。这时米德尔顿的第 8 军已经划归比尔·辛普森率领的第 9 集团军建制了。这场战斗，第 8 军伤亡和损失人员高达 8000 多人。盟军虽然取得了巨大的胜利，但是从布勒斯特港德国守军的表现来看，德国人的战斗意志还远远没有被摧垮。巴顿和他的战友们距离战争结束的日子，还有很长的一段坎坷之路要走。

前面，就是巴黎。

相关链接：

M1918 式勃朗宁自动步枪：

简称 M1918BRA，1917 年由美国武器设计师勃朗宁设计的可以半自动或全自动射击的步枪。该枪名为步枪，但在实战中几乎就是被当作轻机枪使用。后来，美国军方给它安装了一个两脚架并做了其他方面改进，定名为 M1918A2，于 1941 年大量投产。在二战中，该枪作为美军步兵主要武器在各个战场得到了广泛应用，而且因其可靠性赢得了极佳声誉。M1918A2，口径 7.62 毫米，弹匣容量 20 发，全长 1214 毫米，重量 9.2 公斤，射速 500～650 发 / 分，有效射程 800 米。

/ 与巴黎擦肩而过 /

如何解决巴黎问题，很让艾森豪威尔头疼。

自诺曼底登陆以来，为了避免直接轰炸法国首都造成不良政治影响，盟军飞机一直都特意避开巴黎上空。德国见盟军投鼠忌器，便在政治和军事上对这一点充分加以利用。在摧毁法国境内交通线的过程中，盟军最高统帅部也给作战部队下了死命令，不得对巴黎造成破坏。到1944 年 8 月下旬的时候，艾森豪威尔和布莱德雷都认为，从战略上看，攻占巴黎对于进军德国已经没有任何实际意义了。盟军的首要任务是追击溃逃的德军，应该绕过巴黎，孤立城里的守军，等消灭了溃逃的德军后，然后再返回头来解放这座城市。盟军最高统帅部之所以会有这样的战略设想，一方面是出于迅速大量歼灭纳粹德国有生力量的考虑，另一方面也是最关键的节点，在于盟军处理和协调解放巴黎后将会产生的一系列现实问题。首先是民生问题。据盟军掌握的数据，目前巴黎城内有400万居民，每天要消耗掉粮食4000吨。随着战争的逐步推进，很可能会有大批的难民在短时间内涌入巴黎，真实的居民数字难以预料。除了粮食以外，还有燃料和其他生活必需品，都是一个庞大的数字。这将给盟军本已承受着巨大压力的运输补给线，带来加倍的负担。艾森豪威尔后来回忆这段历史时，写道：

当时我们为了战斗行动而节约每一盎司汽油和弹药，以便将我之战线向前推进至最远距离，除非收到城内居民饿死或处于危难境地的证据，否则我希望推迟实际夺占该市的时间。

借助对方占领区内居民的生活必需品消耗，以增加敌人的后勤负担，这是古今中外战争中经常采用的手段，艾森豪威尔当然深谙个中奥妙。其二，巴黎解放后，与戴高乐将军的关系将出现一个质的变化。自由法国与美国之间的关系非常微妙，早在“火炬”行动初期，由于要与法国维希政府的军队在北非作战，美军就曾提出将自由法国的军队排除在战斗之外，以免发生意想不到的问题。为此美国方面特意委托丘吉尔将戴高乐请到唐宁街10号，当面向他做了解释。在以后的合作中，还有很多类似的例子，令双方都心存芥蒂。戴高乐对这个问题看得非常透彻，他认为：在反对纳粹法西斯暴政的过程中，各盟国之间既有为共同利益而团结一致的拼搏奋斗，更有为争取战后本国利益最大化的博弈与妥协。在这一思想认识的前提下，或许美、英高层都不愿意过早解放巴黎。而艾森豪威尔的设想恰恰与国家利益取得了某种契合。

巴顿可不这么认为。

8月14日，是第3集团军在法国正式投入战斗两星期纪念日。当天上午的例会中，巴顿发表了讲话，在总结两周来的战绩时，他骄傲而又自豪地说道：

> 自8月1日参战以来，我们从阿弗朗什向东推进了240公里，解放了法国大片土地。迄今为止，第3集团军比有史以来的任何其他军队都前进得更快、更远。

巴顿鼓励部下再接再厉，一鼓作气拿下巴黎，而后杀进德国本土，直捣柏林。

当天在去往勒芒的路上，巴顿目睹了一次美军装甲部队与空军精彩的协同作战。在将近3公里的公路上，挤满了德军的运输和装甲车辆。很多车上满是被美军P-47雷电式战斗机50毫米机关炮扫射后留下的弹孔。巴顿认为只要装甲部队和空军部队协同作战，随时可以取得这样的战果。首先是装甲部队要行动迅速，将敌人堵在公路上，使其没有机会展开队伍，剩下的事情就交给呼啸而来的战斗机去完成了。经过这一现场观摩，巴顿感觉到自己离巴黎更近了。

一队美国 P-47 雷电式战斗机正在执行作战任务

他一直认为解放巴黎的任务，非第 3 集团军莫属。在欧洲战场的美军高级将领中，巴顿对法国有着非常深厚的感情。他能讲法语，虽然不是很流利，但还是遥遥领先于军中袍泽。法国人对巴顿也颇有好感，认为他是法国最好的朋友。

14日当天，巴顿按照布莱德雷的命令，要求第3集团军于当晚8点30分向东发起攻击，第12军攻打奥尔良、第20军进攻夏尔特尔、第15军的目标是德勒。如果将这三点连接起来，便是一条近百公里的战线，它的前面就是巴黎。接到这个命令，巴顿更有理由认为，巴黎迟早是自己的战利品。

更为关键的是，由自由法国将军勒克莱尔任师长的第2装甲师正在巴顿麾下作战，所有人都认为，攻克巴黎的荣誉理所应当属于这支英雄的部队。勒克莱尔原名菲利普·马里耶·雅克，毕业于法国圣西尔军校，二战初期任法军上尉。法国战败后，他参加了戴高乐领导的“自由法国”运动，到非洲后化名勒克莱尔参加对轴心国作战。1943年突尼斯战役中组建了第2装甲师。诺曼底战役期间，率部归属于第3集团军建制。1947年因飞机失事遇难，死后被追认为法国元帅。为了纪念他在反法西斯战争中建立的卓越功勋，法国人民不仅给首都巴黎的一条街道起名为勒克莱尔将军大街，而且20世纪80年代法国陆军研制的新一代主战坦克——勒克莱尔坦克——也是用他的名字命名的。

8月15日晚上，巴顿突然从自己的房间里跑了出来，大嚷大叫道：我刚从广播里听说，我正在法国指挥第3集团军。参谋们诧异地看着他，司令官满脸通红胡言乱语，是不是发疯了。

好好的巴顿怎么可能疯了。

为了继续让德国人相信，在加莱海峡对岸还有一支庞大的美国部队虎视眈眈地伺机而动，艾森豪威尔一直严密封锁着巴顿率军参战的消息。尽管参战两周来，巴顿和他的第 3 集团军斩关夺隘，创造了一个个辉煌的胜利，但是在盟军最高统帅部的战报上，却绝口不提巴顿和这支部队的名字。德国人虽然从对手的作战风格、俘虏口供、缴获的美军文件中，判断出除了巴顿美军无人能创造出如此凌厉的攻势，但是艾森豪威尔却认为时机未到，仍然继续保密。

巴顿和他的部下一直对此耿耿于怀。取得如此傲人的战绩，却不能为世人所知晓，对于将荣誉看得比生命还要宝贵的军人而言，那种心情不是普通百姓所能理解的。

随着战局的发展，已经不存在继续保密的必要了。为此，艾森豪威尔召开了一个记者招待会，将这一秘密公之于天下。结果，产生了意想不到的轰动。几乎所有的报纸、电台都将巴顿将军正在指挥第 3 集团军与德军血战的消息作为头条新闻予以报道。15 日晚上，巴顿正是在广播中听到了这个消息，才像一个孩子那样兴奋不已。

很快，第 3 集团军的部队就占领了奥尔良、夏尔特尔等地，巴顿麾下的三大主力第 12 军、第 15 军、第 20 军对巴黎形成了一个半月形的包围圈，向东最远的阵地距离巴黎只有不到 50 公里了。巴顿似乎已经看到了自己的铁甲雄师，在隆隆的轰鸣声中开进凯旋门，风姿绰约而又奔放多情的法国女郎将献给英雄的花环戴在自己的脖子上……

布莱德雷的一道命令，将巴顿从无限遐思中惊醒。第 12 集团军群司令部要求第3集团军在目前的战线上停止前进。解放巴黎——巴顿将为自己军事生涯竖起一座高大丰碑的梦想，被这道命令彻底终结了。

艾森豪威尔虽然不希望盟军尽早解放巴黎，但是战争局势瞬息万变，不为人的意志所左右。8月19日，盟军得到消息，巴黎城内的警察已经罢工三天了，于当天凌晨占领了警察厅，正和德军交火。地下抵抗组织的成员，在城内四处袭击德国人。8月20日，戴高乐将军与艾森豪威尔会面。戴高乐高度赞扬盟军所取得的神速进展之后，听取了艾森豪威尔对战况的介绍：巴顿的第3集团军将分成两个纵队，渡过塞纳河，一部取道巴黎北部进抵芒特，一部经巴黎南部到达默伦。霍奇斯的第1集团军紧随其后。蒙哥马利统率部队将逐步向鲁昂推进……戴高乐听来听去，感觉在云里雾里，他向盟军最高统帅提出了一个质疑：哪支部队是要去解放巴黎的？戴高乐在回忆录中，详细记录了当时的情景：

我不了解为什么要从芒特、默伦和鲁昂以及其他各处越过塞纳河，为什么单单不从巴黎越过塞纳河？况且巴黎是交通中心，而交通今后对于你们是不可缺少的，尽快予以恢复是有利的。如果是别的地方，而不是法国首都，对于我的意见，您可以不受任何约束，因为在正常情况下，战事是归你指挥的。但是，巴黎的命运和法国政府有密切关系，因此我不得不进行干预，并请你指挥军队直下巴黎。当然，首先要派法国的第2装甲师担负这个任务。

艾森豪威尔表示，正因为是法国首都，为了避免居民的伤亡和文物、建筑的大面积破坏，所以才没有向巴黎发动大规模进攻。戴高乐指出，如果巴黎仍然像诺曼底登陆之前那样，被德国人牢牢地控制着，那么盟军未采取任何行动则无可非议，但目前的问题是法国人民正在巴黎城里流血，一旦德国人开始大屠杀，后果将不堪设想。盟军应该立刻行动！艾森豪威尔对戴高乐的观点表示认同，并保证，虽然现在还不能确定具体的时间，但不久很快就会向巴黎发动进攻，而勒克莱尔所部将承担这一任务。戴高乐相信也理解艾森豪威尔的苦衷，听到这一承诺后感到由衷的高兴，但临告别前，他还是颇具深意地叮嘱盟军最高统帅：

这件事对全国具有特别重大的意义，因此，假使盟军的命令下得太迟，我准备亲自把法国第2装甲师投向巴黎。

艾森豪威尔当然能听懂这话后面的威胁意味：如果再不向巴黎展开行动的话，戴高乐将不惜与盟军决裂，亲自指挥法国军队完成这一任务。

艾森豪威尔开始着手安排解放巴黎的军事行动。就当前的战场态势而言，几乎不需要再做什么安排了，勒克莱尔的第2装甲师和第3集团军的几十万大军早已屯兵城下，只要一声令下，巴顿的坦克就可以直接开到香榭丽舍大街上。但艾森豪威尔却认为事情没这么简单，他和布莱德雷都清楚，巴顿并非解放巴黎的合适人选。他在摩洛哥惹出的那场风波还让人记忆犹新，假如真的进了巴黎，巴顿那张毫无遮拦的大嘴不知还要惹出什么塌天大祸来。另外，作为一往无前的开路先锋，催动大军继续追击德军，才是巴顿面临的第一要务。但是如何说服巴顿呢？这个时候不让他攻城，不知道这个脾气暴躁的家伙会干出什么出格的事情来。所幸的是，在由勒克莱尔担任主攻的这个问题上，大家基本没有异议。

盟军统帅部为此专门做了安排，将勒克莱尔的第2装甲师调归霍奇斯第1集团军第5军建制，这样攻城任务就顺理成章地由第3集团军转到了第1集团军头上。理由是，勒克莱尔经常违反军纪擅自行动，而巴顿对他过于放纵。事实上，这一指责并非空穴来风。勒克莱尔一直对于不能尽早解放巴黎而耿耿于怀，他向巴顿表示如果不立即让第2装甲师向巴黎进发，自己就辞职不干了。巴顿非常能够理解勒克莱尔的心情，耐心细致地对他进行安抚，并反复承诺，一定让他承担解放巴黎的任务。

就这样，巴顿无缘成为巴黎的解放者了。

盟军最高统帅部如此调整部队建制，看上去对巴顿颇为不公，有釜底抽薪之嫌，但实际上对他而言未尝不是一件好事。巴黎这样一座大都市，国际观瞻所在，谁也无法保证巴顿进城后在巨大的胜利和荣誉面前，会不会做出什么惊人之举。一旦捅出娄子来，不管是艾森豪威尔还是马歇尔，恐怕连罗斯福总统也保不了他。

8 月 25 日，勒克莱尔率领威武雄壮的第 2 装甲师开进巴黎。在纳粹旗帜下生活了 4 年多的巴黎市民，望着高高飘扬的三色旗，激动喜悦的心情难以言表。巴黎成了一片欢腾的海洋，人们用鲜花、泪水还有此起彼伏的欢呼声，迎接自己的军队。当天下午 4 点钟，戴高乐到达蒙特巴尔纳斯车站与勒克莱尔会面。戴高乐热烈地祝贺，解放巴黎在勒克莱尔前进的道路上，是一伟大的进展。战斗结果令人非常满意，德军并没有进行过于激烈的抵抗，巴黎守将冯·高尔梯茨签订了投降书，要求城内所有德军据点停止抵抗，士兵放下武器投降。巴黎这座千年古城，并未遭到过于惨烈的破坏，城内居民也没有出现重大伤亡。勒克莱尔因此赢得了他一生最高的荣誉，法国人民将“巴黎解放者”的殊荣，赋予了这位身经百战的将军。

被俘的德国军官被拘留在巴黎前国防军总部——梅杰斯提克酒店

与解放巴黎这一伟大胜利失之交臂，令巴顿情绪非常低落，但让他值得欣慰和自豪的是，勒克莱尔不忘老长官对自己的关心和呵护，第 2 装甲师进城后，逢人便讲，我们是巴顿的第 3 集团军。以至于英国 BBC 广播电台在对外发布消息是：巴顿的第 3 集团军解放了巴黎。巴顿得知后，心中百感交集，他写道：

这对我来说是很公道的，因为如果不是接到不准占领的命令，我早就攻克它了。

相关链接：

P-47 雷电式战斗机：

二战期间美国陆军航空兵主力战斗机机型之一，同时也是当时世界上最大的单引擎战斗机。1941 年 5 月试飞成功。机长 11 米，翼展 12.4 米，装备有 1 台活塞式螺旋桨发动机，升限为 12800 米，最大平飞速度为 690 公里 / 小时，配备有 12.7 毫米口径机枪 8 挺，最大载弹量 900 公斤，为了增强对地攻击能力，一部分 P-47 在原有机载武器基础上，还配备了火箭（每侧机翼下可装 3 至 4 个火箭发射管）、集束炸弹或燃烧弹，乘员 1 人。P-47 雷电式战斗机的主要任务是掩护装甲部队，袭击敌方的公路和铁路交通网，破坏敌运输工具和设施。各种改进型共生产 15000 余架。

第三章

阿登战役

／ 莱茵河卫兵计划 ／

比利时东南部有一处面积达万余平方公里的台地，其支脉蔓延到法国和卢森堡境内，由于其一半以上地面为森林所覆盖，因此通称其为阿登森林。该区域位于巴黎—布鲁塞尔—科隆三角地带，历来为中欧战略要地。第一次世界大战期间，德法两国曾经在这里进行过极为惨烈的战斗。而1940年5月，纳粹德国装甲部队按照曼施坦因计划的大胆设想，经过两天的艰苦跋涉，穿越110公里长的森林地区，攻入法国境内，并迅速占领了法国东北部重镇色当，令长达390公里、号称固若金汤的马其诺防线成为一道不起任何防卫作用的美丽风景。

德国陆军元帅曼施坦因

1944年秋天，面对从诺曼底登陆后像洪流一样迅速蔓延开来的强大盟军，希特勒为了挽回其在西线的不利局面，再次将目光聚焦于阿登森林——那片曾经成就过曼施坦因、德国装甲部队的“辉煌”之地。从9月底，他就和德国最高统帅部十分秘密地制订着西线反击的“莱茵河卫兵”计划。该计划的主要设想是：集中优势兵力，选择美军防线中最为薄弱的阿登地区进行大规模反攻，期望一举突破马斯河，继而占领安特卫普，把盟军赶下大海，重演4年半之前敦刻尔克那一幕。希特勒狂妄地认为，反攻一旦得手，西方盟军除了单独媾和外别无他法，那么第三帝国就可以掉过头来，全力对付苏联了。为实施这个计划，希特勒以“总体战”为由授权戈培尔以专制权力，疯狂增加军工生产和强迫人们参军。10 月 18 日，纳粹政府发布了关于建立“人民近卫军”的命令。征召年龄从 16 岁到 60 岁的德国男子入伍，无论什么身份，即便是刚出狱的犯人也被吸收入伍。经过 6 至 8 周的短期训练后，调往西线。到 11 月初，希特勒共拼凑了 18 个师的新兵。

敦刻尔克大撤退期间，英国远征军抛下的大量重型装备

西线总司令龙德斯泰特元帅和 B 集团军群司令莫德尔元帅这两位久经沙场的德军宿将并不反对向盟军发起反攻，但作为职业军人他们清醒地认识到，以德军现有装备和兵力，仅够支持一次有限的进攻，要想取得局部

胜利，必须把战役规模控制在一定范围之内。龙德施泰特建议，先在亚琛地区对美军展开一场有限的攻击，而后再转向布鲁塞尔和安特卫普。希特勒态度强硬固执己见，根本不听劝告。最后计划包括每一个细节甚至炮轰时间都是他本人亲自与大本营制订的。11 月 3 日，希特勒派特使约德尔上将将“莱茵河卫兵”的详细作战计划送交龙德斯泰特和莫德尔，上面有他亲笔所写的“不得更改”。

德国陆军元帅莫德尔（中）与部下一起研究作战地图

龙德施泰特无可奈何，只能在私下里发泄着心中的不满，声称，不要说安特卫普，如果德军能够到达马斯河，他就要跪下来感谢上帝了。

结果不幸真的被龙德施泰特言中。德军最终在距离马斯河仅不到 7 公里的小镇塞莱斯，被迫停下了疯狂反扑的脚步。硝烟中，昔日横扫欧陆的德国陆军似乎已经嗅到了冬日里河水的味道，但再也没有机会目睹那奔腾不息的滔滔河水了。龙德施泰特可以不必向上帝下跪感恩了。

入侵荷兰期间，德军通过马斯河

12 月初，德军共集结了 20 个师，由 B 集团军群司令莫德尔元帅指挥。右翼是狄特里希指挥的党卫军第 6 装甲集团军，辖有 4 个党卫军装甲师、5 个步兵师，大约有 640 辆坦克。中路是曼特菲尔指挥的第 5 装甲集团军，辖有 3 个装甲师、4 个步兵师，大约有 320 辆坦克。左翼是布兰登堡指挥的第 7 集团军，辖 4 个步兵师，其任务是负责掩护第 5 装甲军团的侧背，保障中央进攻。同时大量的作战器材和物资也陆续运抵前线，“莱茵河卫兵”计划一切准备就绪，只待一声令下，德军士兵便可开始向盟军阵地冲锋了。

不能不说，希特勒将阿登地区作为反攻方向，是颇具战略眼光的。

盟军在西线共计有 87 个师，其中 25 个是装甲师。而阿登地区恰是美军布莱德雷第 12 集团军群两支主要力量——霍奇斯的第 1 集团军和巴顿的第 3 集团军——的结合部。霍奇斯麾下第 8 军第 106 师、第 28 师、第 4 师和第 9 装甲师共 4 个师的兵力，按由南至北的顺序防守着正面宽达 140 公里的防线。其中第 9 师是新编成的，第 28 师在前一阶段战斗中损失惨重。希特勒认为该地区是“现有部队肯定能突破的地方……防线单薄，他们也不会料到我们会发起突袭。因此，充分利用敌人毫无防备的因素，在敌机不能起飞的气候下发起突然袭击，我们就能指望取得迅速突破。”

确如希特勒所料，盟军不仅兵力不足，而且其高层对潜在的危机没有任何警觉，思想懈怠，极为轻敌。艾森豪威尔认为，时值严冬，阿登地区地形崎岖复杂不说，当面德军兵力有限，根本无力发动大规模行动。布莱德雷非常赞同艾森豪威尔的看法，他本人甚至盼望着德军发动一次大规模的进攻，这样就可以将其主力歼灭于莱茵河以西地区了。或许这两位盟军高级将领都忘记了，早在 1934 年，法国国防部官员视察马其诺防线时，就曾经说过：阿登森林是不可逾越的天然屏障，这里不存在任何危险。6 年以后，纳粹德国的装甲部队碾碎了法国军方的妄自尊大。而艾森豪威尔的运气要差了许多，话音未落，德国人就用事实证明了他的判断是完全错误的。

12 月 11 日和 12 日，连续两天希特勒召见了所有参与这次行动的师长以上军官，为他们打气。他说：

历史上从来没有过像我们敌人那样的联盟，成分那样复杂，而各自的目的又那样分歧……一方面是极端的资本主义国家；另一方面是极端的马克思主义国家。一方面是垂死的帝国，英国；另一方面是一心想取而代之的原来的殖民地美国……

如果我们发动几次进攻，这个靠人为力量撑住 的共同战线随时随地可能霹雳一声突然垮台……只要我们德国能保持不松劲的话。

希特勒在会场上不停地挥舞着拳头，为将军们鼓劲儿，但是在场的很多人都已经意识到，这位第三帝国的元首已经来日无多了。德国第5装甲集团军司令哈索·冯·曼特菲尔将军回忆当时情景说，希特勒已经是个病夫了：

他的背已驼了，面色苍白，有些浮肿。他是个病人……自上次去柏林开会以来，他的身体状况显著恶化了，而那仅仅是9天以前的事情。他走路时一条腿拖在后面。

1944年12月16日凌晨5时许，德军大炮突然向美军阵地猛烈开火。几百架探照灯全部打开形成了一片“人工月光”。美军被突如其来的炮击打得晕头转向，还没有清醒过来，为坦克开辟道路的德国突击部队已经开始冲锋了。龙德施泰特倾德国第5、第6装甲集团军和第7集团军之力，向阿登山区发起了全面进攻。为了达成战役的突然性，德军在战前进行了无线电静默，成功避开了盟军电台的监测。直到17日早晨，盟军方面才侦听到德军发起进攻的密码命令：命运之钟已经敲响。强大的进攻部队冲向盟军。生死存亡在此一举，保卫祖国是每个军人的神圣职责。

布莱德雷接到报告后，还沉浸在自己固有的思维模式中：受阿登地区地形限制，装甲部队难以展开，德军只是有限反击而已。

当天晚上，巴顿接到集团军群参谋长艾伦将军的电话，要求将隶属于第3集团军的美第10装甲师调拨给第1集团军的第8军，以击退德军发动的进攻。美军各单位告急电报雪片似地飞向盟军最高统帅部和第12集团军群司令部，布莱德雷终于意识到问题的严重性，忙不迭地开始调兵遣将。

虽然正式接到了上级关于德军大规模反攻的正式通报，但是巴顿仍然对这一调动表示不满。巴顿正着手准备进攻萨尔，那必将是一场苦战，在这个关键时刻让第10装甲师脱离建制，会严重削弱第3集团军战斗力，直接影响到萨尔战局。布莱德雷来不及考虑巴顿的意见，只是反复强调形势非常严峻，必须予以重视。可见，此时巴顿也没有意识到德军反攻力度是如此之大。日后在总结这一战役的时候，巴顿也反思自己当时“完全没有认识到敌人进攻的严重性”。

12月17日，德军将美第106师的两个团包围在施尼·艾菲尔。第106师从国内调来不久，新兵比较多，而且3天前刚刚进入阵地，既无战斗经验，更不熟悉地形。不仅无法组织有效的抵抗，而且面对强悍的德军，第

106 师的战斗意志产生动摇，战至次日，8000 余人放下武器走出战壕，做了德军的俘虏。美国官方历史称，这是美军在欧洲战场上最严重的一次失败。

相关链接：

巴祖卡火箭筒：

巴祖卡是二战期间美军单兵使用的肩扛式火箭发射器的绰号，与苏联将“喀秋莎”作为多管火箭炮的昵称类似。巴祖卡的学名叫作 M1 式 60 毫米火箭筒。它由一具金属筒、一个木质枪托、一个手柄和瞄具组成，发射 60 毫米的火箭弹，全长 1.37 米，重约 5.8 公斤，由于其管状外形特别近似于一种叫巴祖卡的喇叭状乐器而得名。其后，还有 M9 系列等衍生产品，都被称作“巴祖卡”。坦克在第一次世界大战期间出现以后，在二战中得到广泛运用，由于其坚固的装甲和强大的火力，坦克几乎成为陆战之王。二战初期，在正常条件下步兵与坦克对抗，几乎没有取胜的可能。为了满足步兵反坦克武器的需要，美国陆军研制了该款火箭筒。1942 年 11 月，在北非战场首次用于实战，成功地击毁了德国坦克，因此名噪一时。在以后的战争中，巴祖卡成为步兵反坦克的一件利器。

/ 绝地反击 /

盟军在阿登地区的防线基本都被突破，有崩溃的危险。

所幸的是，盟军指挥系统已经从这突如其来的打击中清醒过来，艾森豪威尔迅速调整战线，调动机动部队及时填补第 8 军防线上的缺口。美第 82、第 101 空降师分别增援交通枢纽圣维特和巴斯托尼，一旦这两个地方失守，盟军能做的只能是全线撤退了。

18 日中午，布莱德雷电令巴顿率领作战、情报和后勤部门负责人，立即赶到卢森堡，商议如何扭转战局。布莱德雷再次强调，战况非常糟糕，他要求霍奇斯的第 1 集团军继续固守阿登地区北部，巴顿所部停止向萨尔方向的进攻，转而向北全力支援霍奇斯，以稳定战线，击退德军。此时，巴顿非常清楚战局急转直下的情况，他完全支持布莱德雷的意见，并表示自己可以在 24 小时内开动第 26、第 80 步兵师和第 4 装甲师，向敌人发起反攻。巴顿胸有成竹的样子，令布莱德雷既吃惊又感动。

19 日上午，艾森豪威尔在位于凡尔登的司令部召开作战会议。他对敌我态势进行深入分析后，就美军的行动提出了明确的思路：第一，在一线的各部就地组织有力的抵抗，尽量迟滞德军进攻，并予以大量杀伤；第二，牢牢控制住圣维特和巴斯托尼，美军只要守住了这两大枢纽，一盘棋就活了；第三，做最坏的打算，在马斯河一线构筑强大的防线，一旦阿登地区失守，美军将在那里与敌人继续周旋。军事学上认为，最好的防守就是反击。作为盟军统帅，艾森豪威尔自然明白这一点。他希望巴顿从南向北发起进攻，痛击德军，以解霍奇斯之围。

疾风识劲草，板荡识忠臣。忠勇的巴顿接到命令后，不计私利，放弃了唾手可得的萨尔地区，为了拯救处于敌人炮火之下的袍泽兄弟，为了打击法西斯，毅然接受了这一任务。

时间就是生命。艾森豪威尔要知道巴顿发起攻击的确切时间和动用的部队数量。巴顿平静地回答：22 日之前，可以以现有的第 4 装甲师、第 26 和第 80 步兵师发动进攻。这是昨天已经和布莱德雷交换过意见的了。完成战役准备大概需要 3 天的时间，而后第 3 集团军将挥师北进。这对于艾森豪威尔来说当然是最好不过的消息了，但是只动用 3 个师的兵力是否能够对战局起到关键性的作用，他表示怀疑。巴顿指出，如果等待兵力进一步集结，则需要推迟进攻时间。但这样做则很难达到出敌不意的效果。

巴顿的时间表让会场一片哗然。很多人都认为他在吹牛，3 天的时间组织这样一场进攻几乎是办不到的。艾森豪威尔知道再争吵下去没有任何意义，现在需要的是立即行动，他做了总结发言，明确了美军下一步行动就是要实现两大目标：在北部堵住战线上出现的巨大缺口；在南部发起进攻，由巴顿全权处理。最后，他向全体盟军将士大声疾呼：

敌人一旦冲出他们的固定防线，就给我们一个机会把他们的大冒险变为他们的惨败。所以我号召全体盟军战士，鼓起勇气，坚定信心，努力奋斗。希望每个人都坚定这个唯一的信念：消灭敌人，从地面、从空中、从一切地方消灭敌人！让我们以这个决心和我们为之奋斗的不可动摇的信念团结起来！在上帝的保佑下，我们朝着最大的胜利奋勇前进！

会后，巴顿来到布莱德雷的司令部，两人继续商讨第 1、第 3 集团军联合作战的计划。布莱德雷担心巴顿手里的兵力不足，已经在 19 日的会上同意把美第 8 军调拨他指挥。巴顿设计了三条进攻路线：从迪克希附近向北进攻；从阿尔隆附近出发以解巴斯托尼之围；从纳夫夏托附近出发猛攻德军右翼。届时，将由第 1 集团军米德尔顿任军长的第 8 军和第 3 集团军米利金任军长的第 3 军，选择其中的两条，同时发动进攻。布莱德雷原则上同意了巴顿的意见。二人正在讨论进一步的细节时，电话铃响了，是艾森豪威尔。

盟军内部出问题了。

英美两国高层，关于对德战略上一直存在不同意见。艾森豪威尔坚持的宽正面进攻战略和预计在 1945 年 5 月 1 日之前结束战争的设想，不为英国方面所接受。丘吉尔认为，应该由蒙哥马利率领盟军进攻鲁尔，给纳粹德国以最后一击。但是战场上最终还是要靠实力说话的，美、英两军在欧洲的兵力比约为3:1，艾森豪威尔的意见自然占了上风。希特勒突如其来的反攻令美国人阵脚大乱之际，英国人找到借口了。

蒙哥马利一直想获得阿登山区以北盟军地面部队的指挥权，现在终于可以堂而皇之地提出来了。他迅速通过电报向国内汇报了欧洲大陆的情况：美军面临全线崩溃，北线的军队处于一片混乱之中，指挥系统几乎完全瘫痪。蒙哥马利认为，必须由他担负起北线盟军的指挥。

艾森豪威尔打给布莱德雷的电话，正是要通知他，今后将由蒙哥马利将军负责指挥美第1和第9集团军。这样一来，布莱德雷的第12集团军群内，就只剩下巴顿的第3集团军了。艾森豪威尔此举，无异于撤了布莱德雷的职。美军上下对蒙哥马利的评价并不甚高，早就有部下曾经向巴顿抱怨：老天爷，要是蒙哥马利将军再不行动的话，那些英国兵们泡在水里的脚上就快长上水草和贝壳了。大战在即，作为一名集团军群司令就这样被架空了，布莱德雷的心情可想而知。不管怎样，布莱德雷还是以一个真正军人的姿态接受了这道命令。

巴顿对艾森豪威尔的命令也深感不满，但是已经没有时间去纠缠这些人事纠纷了。他安慰了布莱德雷几句，便风风火火下部队去了。

巴顿首先来到敌情最严重的第8军防区，听取了米德尔顿军长关于战况的最新汇报。接着他又来到第3军，同军长米利金交换了意见。沿途他马不停蹄地视察了第9、第10装甲师和第4、第80步兵师，不断为将士们鼓劲。

回到司令部，巴顿连续下达了一连串命令，要求弹药、油料、路桥器材、医院等所有后勤补给尽快到位。第3集团军这架战争机器在巴顿的调度下，立刻快速高效地运转起来。从19日巴顿在艾森豪威尔召开的军事会议上接受任务准备着手反击，至22日早上6点美军发动进攻，短短几天的时间里，第3集团军就完成了战略方向的调整，几乎转了一个90度的弯儿，兵锋直指阿登山区。这主要归功于巴顿手下参谋部卓有成效的工作。后勤部门不仅以惊人的效率在100个小时之内调运了6.2万吨战略物资，而且调配了1300余辆各种运输车辆，夜以继日地将部队转入进攻前沿。

12月20日傍晚，巴顿决定反攻时间定为22日凌晨4时，由第3军率先发起进攻。

12月21日，美第3、第7、第20军的有关人员相继赶到集团军司令部所在地卢森堡，参加进攻开始前巴顿召开的最后一次作战会议，第8军由于距离太远，没有派人出席。与会人员对这次行动能否成功，都心存疑虑。巴顿在会上反复分析敌我态势，强调战役发起的突然性，为部下们打气。会上，第3军为了准备得更充分一些，提出将总攻时间推迟两个小时，得到了巴顿的同意。

次日早上6时，美第3军准时发动了进攻。美军战士冒着漫天的风雪，勇敢地前进、战斗。到22日晚上，米利金将战线平均了推进了11公里。

当天，被围困在巴斯托尼的美第101空降师接到了德军的劝降书。

巴斯托尼，位于德法边境附近，当时属比利时卢森堡省管辖，是一个仅有4000余人口的小镇。它坐落于一块平坦的地带，周围丘陵起伏，群山环抱。这个普通的欧洲小镇，由于通往阿登山区的7条公路都从这里经过，其战略地位显得格外重要。德军发动反攻之前，认为巴斯托尼的防御力量十分薄弱，没有给以足够的重视，仅派战斗力不是很强的德第26民兵师去占领它。

万幸的是艾森豪威尔棋高一着。19日，他命令美第101空降师在师长马克斯维尔·泰勒不在的情况下，由代理师长麦考利夫指挥迅速增援巴斯托尼。第101空降师刚刚抵达目的地，潮水般的德军就将巴斯托尼围了个水泄不通，双方立即搅在一起，打了个翻天覆地。麦考利夫把德国人成功地挡在了巴斯托尼城外。

龙德施泰特意识到自己过于轻敌了，急忙调兵遣将重新部署对巴斯托尼的攻势。他特地选派了隆美尔的老部下曾在北非苦战过的弗里茨·拜尔莱因和巴顿的老对手、骑兵出身的冯·卢特维兹两位将军，打算一举攻下巴斯托尼。拜尔莱因认为城中的美军兵微将寡、缺粮少弹，已经不堪一战了。于是，他派代表进城劝降，允诺麦考利夫可以光荣的投降。面对狂妄的纳粹，第101空降师代理师长麦考利夫准将轻蔑地给予了一句简短而有名的回答：“Nuts！”(“呸！”)。这封回信，被列为世界最短的信，载入了二战史册。

隆美尔（左）以他那标志性的手势指向前方，站在旁边的是他的参谋长弗里茨•拜尔莱因

德军指挥部立即放弃了不战而胜的幻想，连夜向该城发动了全面攻击。猛烈的炮火向城内倾泻着如雨的炮弹，步兵跟在装甲部队后面冲向美军阵地。巴斯托尼危在旦夕。

巴斯托尼的战况让巴顿心急火燎。这时，天气预报传来了更加令人沮丧的消息，该地区的天气将持续恶化，还会有大面积降雪。不少军官都建议，是否暂停进军，等天气好转后再做打算。巴顿大怒：不能停止进攻，一分钟也不行。年近 60 岁的巴顿，和士兵们一道在漫天风雪中步行前进。

22 日，苏格兰天气无法满足飞行要求，盟军对巴斯托尼的空中支援和空投补给只得暂停。

23 日，天气略微好转，盟军空中力量几乎倾巢出动，7 个战斗轰炸机群、11 个重型轰炸机群、第 8 航空队的一个师以及英国皇家空军的一部分，共约 5000 余架各型飞机飞抵巴斯托尼上空，对德军部队及后方进行了轮番轰炸，并将大量物资空投给城内守军。巴斯托尼的美国守军不仅及时得到了火力援助、后勤补给，而且士气为之大振，战线渐趋稳定。

12 月 24 日，巴顿的第 3 集团军摧毁了德第 7 集团军在左翼建立起的保障中央进攻的屏障依托。紧接着，巴顿命令加菲将军的第 4 装甲师"拼命狂奔"，前去解救陷入德军重围的巴斯托尼。

当天下午，德国第 2 装甲师进抵距离默兹河只有 6 公里的小镇塞莱斯，这时德军距发起战役时已经推进了将近 100 公里。但是由于汽油匮乏，第 2 装甲师只能停了下来，这是德军在阿登战役中达到的最高点，也是失败的开始。

1944 年的圣诞节来临了。德国人既不肯给自己放假，自然就更不会放过对面的美军，持续的炮轰之后，坦克掩护步兵不断冲锋。美军仍然在顽强抵抗着，但是重围之中的美第 101 空降师的许多官兵，都预感到这或许是自己此生最后一个圣诞节了。曾经参加过巴斯托尼保卫战的美国老兵比尔·巴特勒回忆道："浓雾，降雨，大雪，冷入骨髓的雨夹雪，再加上有人试图杀你。我孤身一人待在散兵坑里，没有人向我祝贺圣诞快乐。"援军还在路上，巴顿的第4装甲师虽然不停歇地在战斗着，但是进展不大，仍然无法突破德国人的包围圈。

12月26日下午2时，第4装甲师加菲师长向巴顿报告，他准备再组织向巴斯托尼包围圈发动一次强攻。第4装甲师没有让巴顿失望，经过一番血战，终于将巴斯托尼德军的防线撕开了一条不到1公里的口子。继而加菲将军指挥部下固守这一通道，不断向两翼拓展，援军和物资源源不断地开了进去。德国人再也没有机会了。

美第101空降师在巴斯托尼一战成名。由于他们的出色战斗，得到了罗斯福总统的高度褒扬，并亲自为该部颁发了功勋部队奖状。在美国陆军史上全师获得这一殊荣还是第一次。

12月30日，巴顿接到美第35步兵师的报告称，他们刚刚消灭了一小队德军。巴顿感到有些恼火，这在战场上是再正常不过的事情了，还值得向自己报告，太小题大做了，刚要发火，但报告中却出现了令人诧异的内容。35师之所以向集团军司令官汇报这次小规模的战斗，是因为这群德军手持美式武器，穿着美军制服，乘坐的更是美军吉普车！原来，这也是德军实施阿登反击战的一部分——代号“格赖夫”的作战计划。德语中，“格赖夫”是指鹰头狮身长有翅膀的怪兽。德国人挑选了约2000名能讲一口流利英语的士兵组成突击队，他们装扮成美军，由党卫军上校斯科尔兹纳指挥。斯科尔兹纳长期从事情报工作，是二战期间著名的德国特种作战部队指挥官，绰号“欧洲第一恶汉”。1943年9月12日，成功营救墨索里尼让他一战成名。墨索里尼倒台后被囚禁在一座山中旅馆里面，斯科尔兹纳率领党卫军突击队突然出现在关押地，一枪未发便制服了看守，用滑翔机将墨索里尼成功救出。阿登战役期间，斯科尔兹纳率领他麾下的这支“美军”深入盟军防线内部，四处进行破坏活动，将美军后方搞得一夕数惊。谁也搞不清楚，自己的后方究竟有多少支这样的德军小分队在活动。美军只好加强戒备，多设哨卡，四处拦截过往车辆实施检查。结果几十万美军只要在路上相遇就互相盘问，搞得人人自危，大概有几百名士兵在遭到盘查时因各种原因引起怀疑而被拘捕。就连布莱德雷也未能幸免。他曾在一天之内，连续遭到三次盘查，其中一次哨兵要求他回答与美国社会密切相关的三个问题：伊利诺伊州的首府所在地；美式橄榄球的规则；一个美国女影星三任丈夫的名字。让一个集团军群司令回答影星三任丈夫的名字，可以想见，布莱德雷当时的处境有多么尴尬。但是军令如山，既然回答不上来，不管对方是谁，都要进行隔离审查。幸好附近有几个军官认出了自己的总司令，布莱德雷才免遭禁闭之苦。美军后方被德军这支小分队搅得昏天黑地。然而，这只是“格赖夫”计划的第一步，希特勒期待斯科尔兹纳完成更艰巨的任务：混入盟军最高指挥部，刺杀艾森豪威尔；而后用一个驾驶美式坦克、穿着美军制服的装甲旅——第150装甲旅，长驱直入占领马斯河桥。最终一个偶然事件，让“格赖夫”计划大白于天下，德国第66军的一名军官乘车去前线时被俘虏，随身携带的几份该计划的作战命令落入美军手中，从而使美军及时做出了反应。

30日当天，巴顿乘车进入巴斯托尼，将优异服役十字勋章授予指挥第101空降师浴血奋战的麦考利夫准将。然后在城中四处巡视，与官兵们进行交流，鼓舞士气。

31日，德军对美军进行了17次进攻，但全部被击退。1945年的元旦就要到来了，巴顿决定采取一种特殊方式同第3集团军将士一道庆祝。他命令炮兵部队在午夜12点的时候，以最猛烈的炮火向德军阵地轰击25分钟，同时他下达了1945年的第一号命令，致全体官兵及第19战术空军大队的全体战友：

从浴血奋战的阿弗朗什到布雷斯特，从横扫法兰西到萨尔河，从横渡萨尔河到进入德国，现在一直打到了巴斯托尼，你们从胜利走向了胜利。你们不仅击败了残酷凶恶的敌人，而且以超人的坚忍战胜了地形和天气造成的重重困难，无论是酷暑还是风沙，无论是洪水还是暴雪都无法阻挡你们前进的步伐，你们行军的速度和光辉的战绩在军事史上无与伦比。

最近，我荣幸地从第12集团军群司令奥马尔·N.布莱德雷中将手中接过了授予我的十字勋章第二束橡树叶勋章。我之所以获此殊荣并不是因为我做出了什么丰功伟绩，而是因为你们取得的伟大的胜利，我从心底感谢你们！

在新的一年里，我祝愿你们，并且坚信：在万能的上帝的庇护下，在我们的总统和最高司令部的指挥下，继续你们胜利的历程，消灭邪恶和暴政，为我们牺牲的战友报仇，使饱受战火摧残的世界恢复和平。

最后，我只能用这样一句话来表达我的心情，并结束这个命令，那就是斯科特将军在查普尔特佩克说过的那句不朽的名言：“勇敢的、身经百战的士兵们，你们经受了血与火的洗礼，已经百炼成钢！”

美国陆军中将、集团军司令

小乔治·S.巴顿

1945年1月1日，德军出动1000多架飞机对盟军机场进行了几个月以来最猛烈的轰炸，盟军的260架飞机被毁。接着，德军向巴斯托尼发起了围攻。巴顿对此并不担心，第3集团军的部队都已经成功到达预定地点，部署严密，个别战斗的得失已经无关全局。

1945年1月3日，盟军各部均已到位，巴顿的第3集团军由巴斯托尼向东北出击，霍奇斯的第1集团军由北向东南出击，大反攻开始了。龙德施泰特组织了两个军的兵力也在这一天，对巴斯托尼发动了最为猛烈的攻势。德军虽然已成强弩之末，但是将士们人人奋勇，阿登战役中最为激烈的战斗在巴斯托尼打响了。经过5天血战，最终德军仍未能拿下这个重镇。1月8日，希特勒终于下令德军撤退。巴顿乘胜追击，但是冰天雪地之中进展极其缓慢。德军虽败不乱，交替掩护，边打边撤，成功与美军脱离接触。

西线反攻开始后，丘吉尔向斯大林致电，希望苏联红军能够在东线发动攻势，配合盟军的反攻。1月12日，苏军提前从波兰的维斯瓦河发动强大攻势，重创德军。希特勒被迫将进攻阿登山区的主力党卫军第6坦克集团军火速调往东线。巴顿和霍奇斯的正面压力顿时减轻了许多，攻势更加猛烈。1月18日，美第1和第3集团军胜利会师。

苏军挺进至波兰首都华沙近郊

1 月 28 日，盟军终于将德军赶回了德国边境，恢复了原来的战线。

阿登战役是第二次世界大战期间西线最大的阵地反击战，也是美军自诺曼底登陆以来伤亡最为惨重的一场血战。是役双方各有将近 60 个师的部队参战，德军伤亡以及被俘约 10 万人，损失坦克 800 辆、飞机 1000 架；盟军损失 8 万余人（其中美军伤亡及被俘 8.1 万人，英军伤亡 1400 余人），其中仅巴顿的第 3 集团军伤亡就达 1.5 万人。

阿登战役是希特勒最后的反扑，这次失败令纳粹德国消耗掉了它最后的战略预备力量。等战役结束时，德国在西线上只剩下了 66 个残缺不全的师，不仅训练极差，装备更是少得可怜。由于缺乏汽油，从阿登山区撤退时，德军被迫丢弃了大量装甲车和汽车。日后，莫德尔元帅在反思阿登战役时称：

当时我们处于绝望境地，改善这种状况的唯一办法就是采取最后决策。我们不可能期望逃避我们所面临的厄运，战斗而不是等待，我们还可能拯救一点东西。

阿登一战，希特勒孤注一掷，令德军损失惨重：伤亡和被俘约 10 万人，损失坦克 800 余辆，飞机上千架。此后，德军在西线再也无力阻挡盟军前进的脚步了。但这一仗却打乱了美英盟军的计划安排，所有的部署都被迫推迟了 6 个星期之久，使得美英两国饮马易北河、夺取柏林的梦想终成泡影。

阿登反击战的胜利，与巴顿的果敢、高效、坚忍、勇决是分不开的。反攻开始阶段，他仅用了 3 天的时间就完成了 10 几万大军的战役准备工作，这是完全可以载入世界战争史册的。美军强大的后勤力量以及高机动性，更是此次胜利的重大保障。

巴顿曾经自豪地写道：

在这次战役期间，第 3 集团军比美国历史上——或许世界历史上——的任何一个集团军都走得更远，速度更快，并在最短时间内以最多的兵力投入战斗。这些辉煌战绩的取得完全靠的是出类拔萃的美军军官、士兵和武器装备，没有人能战胜这样的军队。

丘吉尔虽然在事后为英军在阿登战役中的无所作为进行了辩解，但是作为一名举世瞩目的政治家，他还是非常客观地以英国式绅士风度，对美国军队的英勇表现给予了高度赞扬。他说：

毫无疑问，这是美国人在战争中最伟大的一役，并且我相信，这将被认为是美国人永垂不朽的胜利！

蒙哥马利对美军在阿登战役中的英勇表现给予了前所未有的高度评价：

不管怎样，我始终认为真正击败龙德施泰特的是美军英勇战斗的士气以及盟国部队步调一致的行动……我第一次见到美国士兵打仗是在西西里，那时，我对他们就有很高的评价。后来，在意大利战区，我再度见到了他们。通过这次战役，我对他们看得更全面了。我愿乘此机会，向他们公开致敬。他们是英勇的战士，在战火中巍然屹立。这种坚忍不拔的精神，使他们成为第一流的士兵。他们在这次会战中，极大地表现了这些优良品质。我在英国士兵中度过了我的戎马生涯，我热爱他们，现在我对美国士兵也有极为爱戴和钦佩的心情。我向英勇善战的美国士兵致敬，他们是我有生以来所见到的最了不起的战友……我有一张美军身份证，因此可以说我也是美国陆军的一分子，我的指纹保存在华盛顿的陆军部——这当然比保存在苏格兰广场的英国警察局要惬意得多。

但是也不能不看到，阿登战役只是成功击退或者说击溃了德军的反扑，美国军事历史学家罗素·F.卫哥理在总结这一段战史时，不无遗憾地写道：

巴顿沿南翼而来的宽正面进展速度太缓慢，由北面来的蒙哥马利的部队发起的进攻为时太晚——这与陆军元帅迟迟不下令及早行动不无关联。再加上处处遭遇德军令人钦佩的坚决抵抗，大批德军在盟军合围之前就已携带装备逃之夭夭了。

艾森豪威尔在回忆录中深刻地总结道，秋季战役都是根据他亲自制定的方案实施的，盟军虽然保持了旺盛的进攻态势，但是在各条战线上都存在薄弱环节，给德国人以可乘之机，他指出：

如果这个方案应该受到历史学家的指责的话，那么这个责任应该由我一人承担。

阿登一战，第3集团军伤亡惨重，即便是无数次与死神擦肩而过的巴顿，也不禁为之心动。在阿登战役期间的某个夜晚，为了纪念那些逝去的年轻生命，同时也是排遣自己内心的无限伤感，巴顿将军写下了这样一首小诗：

噢！乌法利兹，小小的城镇
我看见他们依旧躺在那里；
起伏破碎的街道。只有飞机在上空翱翔。
夜色如墨的街道，
见不到一丝可怜的灯光。
永恒的希望和恐惧被带入地狱，
就在昨天晚上。

一将功成万骨枯。巴顿来不及将心里更多的伤感表达在诗歌里，便率领着麾下的健儿继续前进了。不管前面的路有多么艰难，不管还有多少来自美利坚的青年会将生命和鲜血抛洒在欧洲的土地上，为了彻底消灭法西斯，巴顿都将勇往直前！

相关链接：

波波莎冲锋枪：

二战期间著名冲锋枪之一。苏德战争爆发初期，苏军遭到沉重打击，人员、装备损失极为严重，急需大量步兵轻武器。生产一款结构简单、火力强大的冲锋枪，成为苏军兵工设计人员的当务之急。在此情况下，1941年，PPSH 冲锋枪应运而生，被命名为 PPSH41。二战期间，约有 500 万支波波莎冲锋枪装备苏联红军。该枪口径 7.62 毫米，理论射速 900 发 / 分钟，有效射程 100～200 米，发射 7.62 毫米托卡列夫手枪弹，可配 71 发弹鼓或 35 发弹匣，在实战中波波莎冲锋枪可以在 5 秒内将弹鼓中的 71 发子弹打干净。二战期间，苏军甚至整团整师配备波波莎冲锋枪，在近距离上其强大的火力优势，无可比拟。相比之下，德军配备的 MP38/40 冲锋枪尽管精确度较高，但是在实战中难以与波波莎冲锋枪抗衡。

第四章

消灭法西斯

/ 特里尔战役 /

阿登战役之后，西线战事已成定局，几乎没有出现反复的可能。希特勒这次失败的冒险不仅彻底丢掉了西线，更无力挽救东线的命运。面对朱可夫率领的白俄罗斯第 1 方面军的凶猛进攻，德军节节败退。到 1 月 27 日，苏联红军已经占领了奥德河登陆场，20 天的时间里苏联红军就推进了 500 公里，柏林城遥遥在望。

苏联元帅朱可夫

艾森豪威尔认为最终消灭法西斯的时机到来了。早在阿登战役还在进行的时候，他就在考虑一个由波恩一直往北向莱茵河挺进的作战计划，进行一场全线出击的大战役，一旦攻击开始，便要不间断地进行下去，给纳粹德国以致命的一击，彻底结束战争。

1 月 28 日，盟军最高统帅部在布鲁塞尔召开军事会议，商讨下一步行动方案。所有人都清楚，为纳粹敲响丧钟的一战即将到来，每个人都期待自己能够亲手埋葬法西斯政权，争取这至高无上的最后荣誉。军人的荣誉感和使命感，令这些即便面对尸山血海也不为所动的高级将领们热血沸腾，纷纷请战。

巴顿强烈要求将第 1 和第 9 集团军迅速归还第 12 集团军群建制，他希望能够在布莱德雷的协调指挥下，自己亲率第 3 集团军杀进柏林。蒙哥马利城府要深得多，他没有像巴顿那样直截了当地提出自己的要求，而是先从分析前线敌我两军态势谈起。蒙哥马利认为，虽然在阿登战役中德军损失惨重，但是其斗志还没有完全崩溃，莱茵河是希特勒在德国本土的最后一道防线了，几十个师的德军背水结阵，势必将有一场极其残酷的血战。而以美英盟军现有的力量来看，全线推进不仅难以突破德军防线，而且一旦进攻受挫对士气造成的负面影响是难以估量的。经过上述一番有理有力的大段铺垫后，蒙哥马利话锋一转，提出了自己的主张：他指出艾森豪威尔的设想不过是以前“两路进攻”的翻版，最终导致了德国人在阿登山区的反扑。鉴于目前敌我两军态势，盟军此时没有足够力量在两个战场同时作战，为防止分散兵力，必须确定一个主攻方向。而自己所在的北线战场兵力雄厚，责无旁贷应该承担起这一重任。其他方向的部队可以另行开辟战场作为助攻。为了保证能够顺利达成战役目的，应由主攻方向指挥官全面负责地面行动。

蒙哥马利的发言还没有结束，在座的美军将领一片哗然。这个家伙的用心太明显了。将地面部队的指挥权交付蒙哥马利，那么不仅对纳粹最后一击的功劳就完全属于英国人了，而且最为关键的是一旦巴顿的第 3 集团军成了助攻方向，他就只能为北线做些辅助性工作，很难发动大规模的军事行动了。

巴顿和布莱德雷表达了强烈不满。美军在欧洲战场的兵力是英军的

3倍，提供的战略和生活物资多得更是不计其数，由一位英国将军来指挥如此众多的美国部队，很难服众。巴顿表示，有相当一批美军将士对蒙哥马利的指挥才能和工作作风是有看法的，由他出任地面部队指挥官将严重影响美军士气。为了提醒艾森豪威尔问题的严重性，巴顿搬出了美国总统和陆军参谋长，他说，不但自己不同意蒙哥马利的要求，罗斯福和马歇尔也会强烈反对的。布莱德雷更是义愤填膺。和巴顿站在一起，明确表示反对，甚至以辞职相要挟。他向艾森豪威尔明确提出，自己绝对不能在蒙哥马利手下工作，在他的指挥下自己将丧失指挥信心。如果艾森豪威尔执意授予蒙哥马利地面部队指挥权的话，布莱德雷就准备回国，不干了。

巴顿和布莱德雷的意见代表了绝大多数美军将领的看法，其中也包括艾森豪威尔本人。个中曲直再明白不过了，作为一名美国将军，艾森豪威尔自然对蒙哥马利的要求心存不满；但同时作为盟军的最高指挥官，他又不得不注意表达的方式和艺术。艾森豪威尔告诉蒙哥马利，双方的设想差距较大，很难协调，他将把这个问题提交到盟国参谋长会议上去解决。

美军将领的强烈反应，特别是艾森豪威尔的态度，令蒙哥马利十分沮丧。会后，他在给英国陆军大臣格里格的信中通报了具体情况，对艾森豪威尔表达了极度的不满。

一边要照顾本国利益，尽量不伤害美军将领的情感；一边要对蒙哥马利施以怀柔，保证盟军合作大局不被破坏。身为盟军最高指挥官的艾森豪威尔左右为难。他一面到伦敦去拜见丘吉尔，希望英国方面做做蒙哥马利的工作；一方面把相关情况通报给马歇尔，征求他的意见。

经过反复权衡与考量，艾森豪威尔的“作战计划大纲”出台了：以蒙哥马利的北线战场作为主攻方向，消灭莱茵河和摩泽尔河以西的德军，而后强渡莱茵河，攻占南北两侧的桥头堡。然后将兵力进行适当调整，美第9集团军随蒙哥马利部行动，美第1集团军归还第12集团军群建制。整个战役划分为两个阶段：第一阶段，向莱茵河进军；第二阶段，打到莱茵河以及更远的地方。蒙哥马利所部，由鲁尔以北的莱茵省进入德国北部平原，布莱德雷的第12集团军群向美因茨、法兰克福地区进攻。进攻重点在北线，由蒙哥马利承担主要任务。巴顿所部继续执行对“西墙”的穿插攻势。但事实上，此时巴顿的穿插任务早已完成了，如果将计划中的深意做一下简单分析的话，不难发现巴顿剩下来要做的事情就只有原地待命了。

艾森豪威尔提出的这一新方案中，除了地面指挥权外，蒙哥马利的其他要求几乎都得到了满足。就连时任陆军部长的史汀生也认为艾森豪威尔过于迁就英国人了，对两军合作的局面深表担心。

在这即将决战的时刻，让美军待在一边袖手旁观，巴顿认为这是一种愚蠢而又不光彩的结束战争的方式。他对此大为光火，在不同场合不断发泄着自己心中的不满。先是对盟军最高指挥部将美第9集团军划归蒙哥马利统率一事冷嘲热讽，连与自己一向关系不错的马歇尔也捎带上了，他对部下说，“这难道是马歇尔将军为了很少作战的14个英国师好好打仗而做出的努力吗?”等听到盟军最高司令部要准备组建战区预备队的消息时，巴顿的火气更大啦，他认为，“战争进行到这个阶段根本不需要什么预备队，我们只需要用一切力量向各个地方的残敌发起进攻。什么预备队，就好像马已经被偷走了，再去把马圈门关上一样可笑。”

巴顿的愤怒是可以理解的。

巴顿的愤怒并不完全出于私念。

巴顿的愤怒不是仅凭口头发泄就能排解的。

他要行动起来，为自己寻找解决问题的实际办法。巴顿开始视察部队，1 月 30 日，他驱车来到巴斯托尼与第 8 军米德尔顿军长一道前往圣维特。阿登战役期间，双方也曾在这里展开长时间激战。城内满目疮痍，巴顿写道：这里（圣维特）“是一战以来我看到的破坏得最严重的城市，英军、美军和德军对这些破坏都负有不可推卸的责任”。巴顿对附近的一线部队进行了视察慰问，与各军、师指挥官交换了意见。

视察途中，巴顿发现路上有不少被德军击毁的美军装甲车辆尚未清理。每遇到一辆，他便停车要求随行人员掌握坦克中弹的情况、位置等详细数据，并严格记录下来，回去以后反馈给军械部门，以便他们在设计制造坦克时参考。每个人的成功都不是没来由的，即便是武勇豪迈的巴顿将军，也有心细如发的一面。

从前线回来，巴顿便听说蒙哥马利领受主攻任务后，就回英国休假去了，北线部队暂时无事可做。他立刻去见布莱德雷，要求对艾佛尔发动一场正面进攻。布莱德雷当然希望巴顿能有所作为，不仅能让第12集团军群脸上增光，更可以给蒙哥马利一点小小的难堪。但是，他担心巴顿的举动会给蒙哥马利以过于强烈的刺激，惹出其他麻烦来。两难之际，巴顿再次强调，第3集团军的行动只是一次“防御性的进攻”，进攻艾佛尔不仅可以有效地阻止德军向北撤退，减少蒙哥马利的正面压力，第3集团军还可以突破摩泽尔河西岸的防御，向基尔河推进。这对于蒙哥马利来说有百利而无一害。布莱德雷同意了巴顿的要求。

2月2日、3日，巴顿连续两天召集手下的将领们开会筹划进攻方案。

2月4日，巴顿视察了几所野战医院。伤员很少，但是他却发现有3个自伤的家伙，两个打伤了自己的左脚，一个打伤了左手。怒火填膺的巴顿没有再犯西西里那样的低级错误，他命令身边的参谋人员把这三个可怜的家伙立刻送去军事法庭审讯核实。巴顿久历戎行，士兵们搞的这些小把戏他太清楚了，是不是自伤几乎一眼就能确定。

突然，巴顿接到盟军最高指挥部的电话，要求他立即赶到已经迁到巴斯托尼的艾森豪威尔的司令部去。一路上巴顿心里直打鼓，进攻计划几乎处于保密状态，他担心上面一旦知道了会下命令制止。见到了艾森豪威尔，巴顿心中的一块石头才算落了地。原来，艾森豪威尔请巴顿来，一是商量个别军事长官的调动问题；二是一起合个影。

2月6日，巴顿指挥第3集团军发动了艾佛尔战役。各部进展迅速，很快实现了战役目的。巴顿的下一个目标是德国名城特里尔。

特里尔，也译作堤雅。它位于莱茵兰—普法尔茨州西南部的摩泽尔河谷中，两岸是低缓的红砂岩山丘，布满葡萄田，是著名的葡萄酒产区。特里尔曾经是罗马帝国四帝共治制时期西部恺撒（副皇帝）的驻跸地，有超过两千年的历史。这里还是基督教在阿尔卑斯山北侧的主教教区。中世纪时期，特里尔大主教作为一个重要的教会诸侯，是神圣罗马帝国的7个选帝侯之一，他管辖的地区包括了从法国边界到莱茵河的大片土地。1818年5月5日，城里的一位律师夫人产下了一个健康活泼的男婴。这个孩子长大后进入特里尔中学读书，中学毕业后才离开了这座城市。他就是马克思主义的创始人，卡尔·海因里希·马克思，城中至今还保留着他的故居纪念馆。特里尔城不仅历史悠久，地理位置更为重要。距它东南80公里就是萨尔州首府所在地萨尔布吕肯，有“德意志之角”之称的科布伦茨市在它东北方向100公里，特里尔西面50公里处就是卢森堡。

对于这样一个战略要地，德国人不敢掉以轻心，布下了重兵，同时囤积了大量物资，准备死守。

2月4～11日，美、英、苏三国首脑罗斯福、丘吉尔、斯大林，在苏联克里米亚半岛的雅尔塔召开会议，协商解决战争局势和战后国际格局，也称为克里米亚会议。会议决定战后对德国进行分区占领，易北河以东将由苏联负责。

1945 年 2 月，美英苏三国首脑在克里米亚半岛的雅尔塔召开了制订战后世界新秩序的雅尔塔会议

战争确实已经接近尾声了。巴顿明显意识到，距离告别金戈铁马的日子不远了，再不抓住机会就没仗可打了。他对特里尔城更是志在必得，但是苦于手头兵力不足，一时间倍感煎熬。他强烈地感觉到，因为目前美军没有更加努力地战斗，日后将会受到历史的谴责。

2 月 19 日，他在给布莱德雷的信中写道：除第 3 集团军外，所有美国部队都无所事事，因此在我仍在进攻的时候，如果能多给我几个师，我将取得更辉煌的战绩。我要求再增加 1 至 3 个师。经过协商，最高司令部同意将第 10 装甲师暂时归巴顿指挥，但有一个附加条件：仅限于本次行动。

虽然目的达到了，但是作为一名堂堂集团军司令，却为了取得战争胜利而不得不到处求人，这令巴顿心中充满了委屈和怨恨。

2 月 21 日，布莱德雷亲自到第 3 集团军司令部部署下一步作战计划：本月 23 日，蒙哥马利率领第 21 集团军群和美第 9 集团军展开攻势，抵达莱茵河后设法取得一个桥头堡；同时美第 1 集团军掩护第 9 集团军右翼，第 3 集团军按兵不动。第 21 集团军群成功推进到莱茵河岸之际，第 1 集团军则以其右翼向科隆发动猛攻，同时第 3 集团军从普吕姆攻击科布伦茨。这一阶段的目标是占领科隆至科布伦茨的莱茵河岸。第二阶段的重头戏落在第 3 集团军肩上，第 1 集团军坚守莱茵河岸，第 3 集团军视当时情况而定，可从萨尔劳敦、萨尔堡、萨盖明选择任一方向作为出发点，进攻古老的法兰克福走廊。

巴顿要求布莱德雷明确一下，第 3 集团军在包围科隆之前，是否可以突袭科布伦茨。布莱德雷回答他说，只要机会允许没有什么不可以的。等于是默许了巴顿的行动。

从 2 月 22 日开始，第 3 集团军由于第 10 装甲师这支生力军的加入，战斗进展更加顺利，将特里尔城围了个水泄不通。

2 月 24 日，巴顿接到后勤部门的统计数字，自 1 月 29 日起截止到本日，非战斗性伤亡人数 13976 人，战斗性伤亡人数为 12296 人，这在第 3 集团军的历史上属于首次。其原因不是因为非战斗性伤亡人数大量增加，而是战斗性伤亡人数明显减少，这是衡量一支部队战斗力的重要指标。看到这个数字，巴顿感慨万千，一方面为那些牺牲的将士们感到心痛和惋惜，一方面更为自己麾下这支部队的快速成长感到欣慰。

扫清特里尔城外围的战斗还在持续进行着。德国守军事先处心积虑地构筑了大量防御工事，想尽一切办法借助各种地形地貌抗击美军的攻势。有的碉堡被伪装成谷仓的模样，里面却藏着一门 88 毫米炮；有的碉堡看上去只是一座普通的农舍，把墙推倒，立即会有机关枪猛烈的火力从里面迸发出来。德国第 2 山地师也迅速赶来解围，特里尔城四周都在进行着激烈的战斗。

德军 88 毫米口径高炮对空猛烈开火

27 日晚，巴顿通过电话向布莱德雷汇报，第 3 集团军距离特里尔城还有 8 公里了，德军还在顽强抵抗，自己是否可以继续行动。布莱德雷告诉巴顿，继续打下去，除非最高司令部要你停止再说。他还告诉巴顿，自己要躲得远远的，不接电话。

巴顿心领神会，知道布莱德雷是要第 3 集团军放开手脚尽快攻克特里尔，并提醒自己为了防止受到干扰，暂时不要和上级联系。凑巧的是，巴顿在当天召开的一次军事会议临时改变了地点，结果在约定的会议时间里，原会场遭到了德军炮击。巴顿当即判断，第3集团军司令部的电话遭到了监听。德国人帮了巴顿的忙，他以此为借口，中断了与上级的通讯联络。

2月28日，巴顿督促各部强攻特里尔。3月1日14点25分，第10装甲师攻入特里尔，并夺取了一座完整的大桥。当天夜里，城内残敌被肃清。

3月2日，当第3集团军刚刚与第12集团军群和盟军最高统帅部恢复通讯联络时，就收到一份急电：第一，要求巴顿所部绕开特里尔城，因为攻克它需要4个师的兵力；第二，第10装甲师立即归还建制。巴顿终于松了一口气，心平气和地归还了第10装甲师。

相关链接：

德制88毫米高射炮：

这一款由克虏伯公司于20世纪20年代研发的高炮，可以说是二战中使用得最为成功的火炮系统。克虏伯公司的武器研发人员预计到作战飞机将飞得越来越高，因此选择了在当时属于罕见的88毫米这一口径。二战爆发后，双方的反坦克炮口径都很小。1940年5月，隆美尔指挥部队向敦刻尔克推进时，遭到了一支英军的凶猛阻击。面对英国的重型坦克，德军装备的37毫米反坦克炮束手无策。紧要关头，隆美尔手下的一个高炮连，将 88 毫米的高射炮炮管压低，向英军猛烈开火，片刻之间，数辆英军坦克就被打得瘫痪在地，成功地扭转了战局。此后在北非战场、苏德战场上，88 毫米高炮更是大显身手，成为德军对付英军、苏军重型坦克的大杀器。一位曾经参加过阿拉曼战役的英军军官曾经质问被俘的德国人：你们怎么能用打飞机的炮打坦克呢？

/ 法尔茨战役 /

巴顿在和时间赛跑，准备在法西斯德国灭亡之前，获得更多的战果。他的下一个目标是科布伦茨。

3 月初，战场上的形势对盟军非常有利。巴顿麾下的第 8 军已经推进到莱茵河畔，第 20 军也已经逼近到萨尔河。部队进展非常顺利。

3 月 8 日，巴顿召集军事会议，制定了第 3 集团军和第 19 战术空军司令部下一步的作战方案：首先以 2 个军的兵力夺取美因茨、奥鹏海姆和沃尔姆斯附近的莱茵河上的桥头堡；第 20 军从特里尔—萨尔堡出发，向凯瑟斯劳滕方向进攻；第 12 军向南进攻，在马延东南渡过摩泽尔河，先从宾根和克洛斯茨纳赫进攻，切断德军渡过莱茵河的通道，并在美因茨和沃尔姆斯之间占领一个渡口；第 8 军继续肃清摩泽尔河以北和莱茵河以西的敌军。布莱德雷基本同意了巴顿的计划，但他提出为避免出现大的伤亡，第 3 集团军必须夺取一座保存完整的桥，方可横渡摩泽尔河向南进攻。

最令巴顿头疼的还是兵力不足。如要攻克科布伦茨，自己至少还需要一个装甲师和一个步兵师。然而各个集团军都处于同德军的激战中，很难抽调出兵力支援巴顿。

3 月 9 日，巴顿接到布莱德雷的命令，要他到集团军群司令部参加法兰西荣誉勋章的授勋，艾森豪威尔也将出席仪式。授勋结束后，大家在一起欢聚。这时，第 3 集团军参谋长盖伊将军打电话给巴顿，向他汇报了一个喜讯：第 12 军已经占领了摩泽尔河上一座完整的大桥，目前正在继续扩大战果，巩固阵地。巴顿将这个好消息分享给在座的众人。布莱德雷 8 日给第 3 集团军作战计划所戴的“紧箍咒”不存在了。巴顿趁势提出，应该让目前作为盟军司令部总预备队、原属第 3 集团军的美第 80 步兵师回归建制，以进一步扩大战果。艾森豪威尔和布莱德雷都为第 3 集团军的飞速进展而感到高兴，没有任何犹豫就答应了巴顿的要求。

巴顿当即用电话通知盖伊，立刻发动法尔茨战役。结果次日一早，战斗打响没多久，盖伊的电话又来了，称，昨天的美第 12 军占领摩泽尔河上一座完整大桥的消息，属于误报。巴顿大怒，在电话里狠狠地批评了盖伊。但是战役已经打响，艾森豪威尔已经不好再收回成命了。

原来，这一切都是巴顿和盖伊事先设计好的。

3 月 16 日上午 11 点，巴顿接到布莱德雷的电话。艾森豪威尔和他的参谋长史密斯将军在乘飞机前往第 12 集团军群司令部的途中，遭遇恶劣天气，被迫转航，将降落在第 3 集团军驻地。巴顿立即带领司令部人员赶往机场迎接。艾森豪威尔一下飞机，第 3 集团军仪仗队已经整齐列队，等待他的检阅。巴顿不仅在战场上有一套，搞外交也颇见功力。艾森豪威尔和史密斯对第 3 集团军的战绩，赞不绝口，史密斯参谋长表示：由于巴顿在特里尔战役中指挥第 10 装甲师取得了辉煌的战果，以后只要是他需要，可以借给他任何一个师。艾森豪威尔当场同意，将第 7 集团军的第 12 装甲师调配给巴顿，并入第 20 军，参加 17 日早晨的行动。

巴顿喜出望外，手中平添了一个步兵师和一个装甲师，艾森豪威尔的举动无异于雪中送炭，他又可以大干一场了。

17 日，艾森豪威尔参加了第 3 集团军的晨会。他指出，像自己和巴顿这样的老兵还没有意识到自己的伟大，缺乏足够的自豪感，我们应该让更多的人知道美利坚的军人有多么优秀。他还专门举例说：报纸上到处都在宣传跟美军第 4 装甲师作战的德军人数有多少，装备有多么差，可是却从没有人报道这种现象背后的原因。那是因为第 4 装甲师进展神速，敌人还没有来得及调整兵力和兵器部署，美军坦克的炮口已经抵在他们的脑门上了。

巴顿非常赞同艾森豪威尔的观点。几天以后，他便在卢森堡召开了记者招待会。在会上，巴顿不仅向记者们介绍了艾森豪威尔所谈的内容，同时还将第 3 集团军的战果包括敌我两军的伤亡数字等材料发给每一位记者。他特别谈到，有媒体报道了太平洋战区一部海军陆战队遭受了惨重的损失，而使该部得到了舆论的称赞和尊敬，而第 3 集团军十几个师因为损失较小，却没有人关注，这是不恰当的。巴顿希望记者们在报道过程中注意类似的现象。

接着，有记者提问，据有关方面的消息，美军坦克不如德军坦克，请他谈一谈如何看待美德两军坦克的性能。巴顿非常自信地答道：战争到目前为止，美军坦克与德军坦克的损失比例为 1:2，而且美军的武器装备、军需被服都比德军甚至其他盟军要好。

关于军需被服，巴顿也是非常有发言权的。此前不久他还专门和后勤人员研究过美军普通士兵的着装。巴顿认为最简洁实用的美军军装是：合脚的毛里皮面的战斗靴，厚羊毛裤，裤脚不超过 45 厘米，一件羊毛衫，一顶钢盔，冬天再加上一件改进过的有内衬和手套的军用胶夹雨衣。

记者们对巴顿将军的回答给以热烈的掌声。

记者招待会结束后，巴顿考虑到关于敌我两军坦克对比的问题，如果不进行妥善处理，将严重地影响部队士气。他给第 12 军军长埃迪将军写了一封信，将自己在会上谈到的观点进行了系统阐释，并且要埃迪将这封信的内容在军中广为传播。巴顿此举，及时有效地制止了那些对美军坦克不符合事实的批评。

第 3 集团军有了第 80 步兵师和第 12 装甲师这两支新锐力量的加入，如虎添翼，全军向德军防线猛扑过去。第 12 军在第 4 装甲师的配合下，于科布伦茨南面渡过摩泽尔河，杀入德军阵地后方；第20军突破齐格菲防线后，向莱茵河挺进。当面德军预感到有被全歼的可能，立即收缩防线，准备向莱茵河东岸撤退。巴顿用重兵全线压向德军阵地的同时，特意将莱茵河上唯一掌握在德军手中的渡口——施佩耶尔空了出来。德军在包围圈里狼奔豕突，发现这里美军兵力薄弱立刻就像抓住了一根救命稻草，拼死赶了过来。不承想，巴顿早已做好了准备。正当溃退的德军争先恐后渡河之际，盟军轰炸机群就飞临到莱茵河上空，重磅炸弹雨点般地倾泻下来，许多德军士兵还没来得及上船，就被炸死在岸边。空袭引发的硝烟还没有散尽，黑压压的美军步兵在坦克掩护下又冲了上来。

目前没有资料能够证明，巴顿生前是否读过中国兵书《孙子兵法》，但是他在法尔茨一役中对“围师必阙”“半渡而击”等东方古老战法的运用，确实已到了炉火纯青的境地。这一仗，第3集团军战果丰硕，10天的时间里，12个师的部队全部渡过了摩泽尔河，插入在齐格菲防线南端与美第7集团军对峙的德军后方，以极小的代价包围并歼灭了德军两个集团军，俘虏德军6万余人。其中仅19日一天，俘虏德军就达到1.2万人，而第3集团军仅损失了800人，这个数字还包括了非战斗性伤亡。战役期间，关于德军俘虏还发生过一段小插曲。3月7日的时候，第3集团军抓到了自参战以来本集团军的第20万名俘虏。巴顿觉得这件事应该宣传一下，就命令战俘营给这名俘虏登记后拍了照，并派人把照片送到第12集团军群新闻署，准备发表，结果遭到了拒绝。因为拍照前，有人给俘虏脖子上挂了个牌子，上面写着他是第20万名战俘。新闻署认为这种做法侮辱了俘虏的人格，是严重违反日内瓦公约的。巴顿只得作罢。

法尔茨之役，不仅在友军中引起了轰动，就连巴顿的敌人也认为这是第二次世界大战之中最伟大的战役之一。巴顿的参谋长赫伯特·盖伊在他的日记中写道：

> 可以肯定地说……这是第3集团军打得最棒的一次战役……军事历史专业的学生将在今后的很多年间学习这场战例。

相关链接：

密苏里号战列舰：

这是一艘见证了第二次世界大战结束的美国衣阿华级战列舰。1945年9月2日，日本无条件投降签字仪式在停泊在东京湾的密苏里号战列舰主甲板上举行。第二次世界大战终于彻底结束了，密苏里号因此名载史册。1938年美国开始设计衣阿华级战列舰，设计时速高达33节，是有史以来航速最高的战列舰。密苏里号于1941年开始动工建造，1944年1月正式下水，6月加入美国太平洋舰队服役。该舰装备有3门406毫米口径的主炮，10门127毫米口径副炮，防空武器主要有20门40毫米口径博福斯高射炮和49门20毫米奥利冈高射炮，全长270米，宽32米。密苏里号虽然服役较晚，但参与了冲绳岛、硫磺岛等诸多战役，战功赫赫。二战后，密苏里号参加了朝鲜战争，1955 年退役，1987 年经大规模升级改造后再次服役，参与了海湾战争。1992 年这艘有着近 50 年舰龄的战列舰光荣退役。1999 年，密苏里号作为博物馆舰停泊在夏威夷珍珠港福特附近，供世界各地的游客参观凭吊。

渡过莱茵河

巴顿指挥第3集团军迅速向莱茵河推进。3月22日，莱茵河以西的德军已经全部被第3集团军合围了。当天，第3集团军就俘虏了1.1万名德军。曾经横行一时的纳粹德国陆军，已经处于土崩瓦解的边缘了。对于巴顿而言，渡过莱茵河只是时间的问题了。

蒙哥马利在北线推进的过程可不像巴顿这样顺利。究其原因，一是地形条件给盟军造成了极大的困难。再有就是美第9集团军未能如约发起进攻，导致在长达两个星期的时间里，加拿大集团军只能独自承担作战任务。

在战役准备阶段，为了防止德军以洪水迟滞盟军对莱茵河的攻势，布莱德雷要求霍奇斯第1集团军派出得力部队尽快占领罗尔水坝。由于兵力不足或者其他原因，美第5军军长许布纳安排战斗经验不足的美第78师去完成这一任务，结果可想而知。许布纳急忙派第9师前去增援。第9师师长克雷格亲临一线指挥，率部队成功突入坝区，但为时晚矣。德军已经抢先炸毁了水坝。罗尔河水暴涨，美第9集团军只好隔河兴叹。

2月7日，盟军飞机对莱茵河各渡口进行了猛烈轰炸。次日一早，在进行了将近5个小时的炮火准备后，英军开始进攻。虽然正面只有德军一个师的兵力，但是德军拼死顽抗，再加上范围广大的雷区以及湿滑泥泞的道路，令英国和加拿大军队步履维艰。艾森豪威尔认为，这次战役地形条件之艰难，恐怕是欧洲战场上任何其他战役都无法比拟的。紧接着双方在赖赫斯瓦尔德森林地区展开了极其激烈的战斗，直到2月13日，加拿大军队占领了克莱沃，德军才开始放弃阵地向后转移。

2月23日，洪水终于退了，美军渡过罗尔河，发起猛攻。第9集团军仅两个星期就推进了85公里，抵达莱茵河畔的韦塞尔。蒙哥马利所部在美军攻势的配合下，也向前推进了将近40公里。双方在韦塞尔会师。

3月18日，布莱德雷到兰斯会见艾森豪威尔，两人就目前的战事交换了意见。艾森豪威尔认为，鉴于巴顿渡过摩泽尔河后的飞速进展，应该允许第3集团军东渡莱茵河，而后北进，与霍奇斯的第1集团军在吉森附近会师。巴顿得知这一消息后，立刻摩拳擦掌做好了强渡莱茵河的准备。

这时，第3集团军各部均已抵达科布伦茨到施佩耶尔一线的莱茵河西岸，巴顿命令第12军无论如何在22日晚上要渡过莱茵河。3月22日晚上10点30分，第12军的第5步兵师在没有进行炮火准备，没有进行大规模空袭的情况下，开始了强渡莱茵河的行动。在天亮之前，有6个营过了河，美军仅伤亡28人。

次日一早，布莱德雷正在吃早餐的时候，电话响了。话筒那边传来了巴顿神秘兮兮的声音：不要告诉任何人，我已经过河了。这突如其来的消息让布莱德雷大为震惊，他通过电话不断追问，巴顿渡过的是否就是莱茵河！巴顿兴奋地告诉他，昨天晚上第3集团军已经有一个师渡过了莱茵河，截止到目前还没有被德军发现，在局势进一步明朗化之前，请布莱德雷务必不要声张。当天夜里，巴顿再次致电布莱德雷，明确告诉他，自己所部已经在莱茵河东岸站稳了脚跟。巴顿在电话里极其自豪地宣称：看在上帝的份上，向全世界宣布吧，我们已经渡过了莱茵河……第3集团军在蒙哥马利之前渡过了莱茵河。

在莱茵河东部地区，德军向巴顿将军的部队投降

3月23日当天，巴顿向第3集团军及第19战术空军大队的全体将士们发布了热情洋溢的第70号命令：

在1945年1月29日到3月22日期间，你们从敌人手里夺取了6484平方英里的土地，攻占了3072座城市和乡镇，其中包括特里尔、科布伦茨、宾根、沃尔姆斯、美因茨、凯瑟斯劳滕和路德维希港。

你们俘虏了140112名敌军，打死打伤敌军99000人，全歼了德军第7集团军和第1集团军。在如此短暂的时间里取得如此辉煌的战绩，是历史上前所未有的。

这场战役伟大的胜利，完全归功于你们严明的纪律、勇敢的作战、勇于献身的精神、无与伦比的胆识和在地面推进的神速；同时，在空中，归功于我们无人能敌的战斗轰炸机群，他们24小时连续不断地对溃败的敌人进行轰炸。

全世界都在回响着对你们的称颂，马歇尔将军、艾森豪威尔将军和布莱德雷将军亲自对你们进行了嘉奖。在这次伟大战役中，我的名字能跟你们大家的写在一起，是我一生中最崇高的荣誉。

请接受我对你们衷心的赞美和深深的谢意，请记住：昨夜22时你们成功地强渡莱茵河，这将给你们带来更大的荣誉。

集团军司令 美国陆军中将

小乔治·S.巴顿

3月24日，蒙哥马利所部也渡过了莱茵河。布莱德雷在他的回忆录中对此进行了详细的记载，他不无讽刺地写道：

蒙哥马利的“行动并未遇到预想中的困难，而是在新闻界一贯的震耳欲聋的一片奉承声中渡过莱茵河的……那天，我们被英国新闻界的一连串的报道中的一条消息逗笑了，英国国家广播电台播放了一段丘吉尔事先录好的讲话录音，他称赞英国军队是实现了‘现代史上第一次跨越莱茵河的突袭’。事实上，这一历史性的跨越已由霍奇斯和巴顿完成了，蒙哥马利是第三个”。

当天，巴顿在集团军主要将领的陪同下乘船渡过莱茵河。船行到河中心的时候，巴顿特意向河中吐了一口唾沫，以示对法西斯的轻蔑。踏上东岸的土地之后，抓起了一把德国的泥土，傲然而视，说道：我看到德国的土地在我手中。

位于德国科隆莱茵河上的霍亨索伦大桥被盟军炸得支离破碎

渡过莱茵河之后，巴顿所部很快与霍奇斯率领的美第1集团军在吉森会合，而后两军一道，以雷霆万钧之势向卡塞尔方向猛攻。

巴顿在自传里记载了在此期间发生的一件事情。3月26日，巴顿准备派第4装甲师渡过美因河，向汉梅尔堡方向运动。目的有二：其一，给当面敌军造成第3集团军准备向东展开的错觉，以掩盖实际进军方向是北方这一真相；其二，是为了解救被关押在汉梅尔堡的900名美军战俘。但是遭到了大部分高级军官的反对。巴顿写道："我只好作出了让步，只派了一个装甲连和一个装甲步兵连去。"据自传记载，"3月30日，德军电台宣布，进攻汉梅尔堡的一个美军装甲师被围歼。"实际上是德国人在夸大其词，所谓的美军装甲师就是巴顿26日派出的那支小部队。事实是，这支小部队"用一部分坦克和装甲步兵迎击敌军，其他坦克则开往北面6英里远的战俘营"，将战俘解救出来后，部队沿着公路往回撤退。巴顿的副官斯蒂斯少校也参加了这次行动，他建议部队不要按原路返回，应该向北撤离，但是没有被采纳。最终部队被德军围住，斯蒂斯少校战斗到弹尽粮绝后，被迫投降。

巴顿自传对这次军事行动进行了相当篇幅的记载，但又都是支离破碎的，令人感觉有些摸不着头脑。自传的一条注释或许能给我们一点启示："这两名中尉报告说，巴顿将军的女婿J.K.沃特斯上校曾被关在汉梅尔堡的战俘营里，在美军部队到达时的激战中被子弹击中"。原来，巴顿的女婿在战俘营里，而且还派出自己的副官参加行动，这就不能不令人深思了。4月6日，美军解放了汉梅尔堡，巴顿自传做了这样的叙述："大概只有70名美军战俘幸存下来，沃特斯上校也获救了，但是伤势严重”，为这一行动画上了句号。

至此，事情的原委基本搞清楚了。布莱德雷在回忆录中对此做了较为全面的记述，布莱德雷认为，这是一件为美军部队的出色表现严重抹黑的事件。巴顿的女婿J.K.沃特斯上校曾是布莱德雷在西点军校任职时的部下，于突尼斯战役中被德军俘虏。由于东线战局吃紧，德军将一批美军战俘从波兰的战俘营转移到汉梅尔堡，沃特斯即在其中。布莱德雷在回忆录中很委婉地写道：“巴顿想派一支小部队去营救这批战俘”。其背后的寓意不言自明，巴顿出于私念主要是要去救自己的女婿。布莱德雷称：

“巴顿没有与我商量此事，如果他当时向我报告的话，我也不会同意的。他最终不听劝阻，下达了执行解救任务的命令。这是一场灾难。执行任务的小股特遣队被德军全部吃掉了。（沃特斯在这次解救行动中身受重伤，后来被另一支部队救出）事后，艾森豪威尔严厉地训斥了巴顿，但没有采取其他的官方惩处做法。在向马歇尔汇报此事的书面报告中，艾森豪威尔写道：‘巴顿是问题少年，但他也是一员勇于开拓进取的猛将’”。

作为一名高级将领，这件事对巴顿个人威望所产生的负面影响，比起两次掌掴事件而言，有过之而无不及。

相关链接：

企业号航母：

属于美国约克城级航空母舰，1934年开工制造，1936年10月下水。该舰全长246.7米，飞行甲板宽33.4米，满载排水量为25500吨，最高航速32.5节，装备有8门单管127毫米口径火炮，4座4联装28毫米口径机关炮，24挺12.7毫米口径高射机枪，搭乘舰载机90架左右。该舰在二战中战功卓著，有“美国海军中战斗力最强军舰”的美誉。同时，企业号还是历史上唯一获得英国皇家海军授予荣誉军旗的非英国战舰。美日在太平洋上的对决中，企业号航母几乎无役不与，特别是在中途岛海战中，该舰一举击沉赤城号、加贺号、飞龙号等3艘日本航母，创造了人类海战史上迄今为止航母海上对决的最高纪录。1943年5月，企业号因功勋卓著，返回珍珠港接受太平洋舰队司令、海军上将尼米兹代表美国总统罗斯福颁发的总统单位嘉奖。在所有参加二战的美军舰艇中，企业号是第一艘也是唯一一艘获此殊荣的航空母舰。1947年12月，企业号退出现役。1958年被拆解。为了纪念这艘功勋战舰，美军特地将全球第一艘核动力航母同样命名为——企业号。

／ 纳粹黄金 ／

渡过莱茵河之后，盟军的下一步计划是占领鲁尔并消灭那里的德军重兵集团。而鲁尔之后，那就是柏林了。

对于攻占柏林，艾森豪威尔有自己的考量。首先，他认为柏林并非是盟军最重要的目标。3 月底的时候，美英军队距离柏林还有 480 多公里，而苏军已经在距离柏林不到 50 公里的奥得河西岸建立了稳固的桥头堡。如果说美英盟军要与苏联红军展开一场争夺柏林的比赛的话，那么发令枪还没有响，比赛结果就已经出来了，美英两军必输无疑。另外，也是更为关键的一点，艾森豪威尔认为目前主要的目标应该是彻底摧毁德国的军事力量，而出于政治考量付出重大牺牲去占领柏林，是不符合上述原则的。他希望以最迅速、最小的代价来结束欧洲大陆的战争。

但是，包括巴顿在内的大多数美英盟军将领都希望能够进攻柏林，他们的意见与英国首相丘吉尔不谋而合。丘吉尔坚决反对由苏军占领柏林，他亲自致电美国总统罗斯福，指出：柏林对于我们来说唾手可得，理所应当由我们夺取。艾森豪威尔反复做工作，强调柏林遭到大面积空袭，几乎已成一片废墟，已经不再是一个战略地区了。他还专门给蒙哥马利写信解释道：在我眼里，柏林已经变得什么也不是，只不过是一个地理位置而已，我对它毫无兴趣。最终艾森豪威尔的意见得到了罗斯福的支持。英国方面只得作出让步。艾森豪威尔终于松了一口气，至于说美军将领的反对意见，那毕竟是内部问题，可以慢慢协调。

3 月 31 日，艾森豪威尔向德国军民发布公告。他明确表示，鉴于目前的军事形势，继续抵抗下去只能给德国人民造成进一步的苦难。艾森豪威尔敦促德国军队投降，人民恢复耕作。结果可想而知，自然是没有任何回应。

4 月 1 日，盟军将鲁尔团团围住，那里还驻守着莫德尔元帅率领的约有 15 万德军。德军已经全无斗志，先是在包围圈中左冲右突，企图突围。眼见突围无望，最终不战而降。前线一片混乱，以至于一名美国宪兵礼貌地通知一位德军军长已经被俘时，他还在试图对手下的德国士兵发号施令。到 4 月 18 日，鲁尔被盟军彻底解放，因事先的情报有误，盟军俘虏德军竟然达到 32 万人，比预计超出了一倍还多。

这时，巴顿已经抵达莫达尔河一线，盟军最高统帅部决定派第 3 集团军向东南方向继续推进直抵林茨和多瑙河。4 月 12 日，艾森豪威尔和布莱德雷一起来到巴顿位于赫斯费尔德的司令部，视察部队并当面向他传达新的作战任务。这一天给他们两人留下了刻骨铭心的印象，他们在回忆录中谈起当天的所见所闻时，虽然修辞方式不尽相同，但表达的却是一种完全相同的感受。艾森豪威尔写道："这一天我所见到的情景和听到的消息，将这天铭刻在我的记忆中。"布莱德雷则是这样来记述当时的心情的："由于多种原因，这是令我难以忘怀的一天。"

这一天究竟发生了什么事情呢？

4 月 4 日傍晚，美第 12 军的一辆巡逻车在街上发现有两名妇女违反了宵禁令，当即下车盘查。原来，这是两个法国难民，她们的邻居即将分娩，要去邻近的村子找助产士。美国士兵核实无误后，当即叫她们上车，把助产士接到了产妇的住所，而后，又把助产士送回家。在路上，经过一口盐矿时，一名妇女告诉美军士兵说，那里面藏着金子。情况上报后，巴顿立即派人来调查。原来从 1942 年 8 月起，德国国家银行就开始将其黄金储备和德军在各地掠夺来的黄金、外汇、艺术品等隐藏到梅克尔斯的矿井中，前后一共运来 76 批财物。另外，1945 年 3 月前后，德国东部地区的多家博物馆和美术馆也将其馆藏的艺术珍品多次运往该地。本来，德国人准备将这批财宝转移到别处，但是没有想到美军推进得如此迅速，还没来得及起运，便成了美军的战利品。

巴顿得到汇报并予以确认后，立刻派重兵把这座矿井保护起来。12 日，巴顿陪同艾森豪威尔和布莱德雷一同查看了这批纳粹宝藏。一行人下到地下数百米深的地方，所有人都被现场的情景惊呆了：难以数计的德国马克堆放在那里，大量的世界名画和其他艺术珍品就像垃圾一样，被丢弃的到处都是。在另外一条隧道里，是一座巨大的金库，据巴顿自传记载，这些财物包括：

8198块金锭；55箱金砖（每箱2条，每条10公斤）；数百袋黄金器皿和制品；超过1300袋的金马克、金法郎和金镑；711袋20美元金币；来自15个其他国家的数百袋金银币；数百袋外汇钞票；9袋珍稀的古代金币；2380袋和1300箱的德国马克现金，面值达到27.6亿；20块各重200公斤的银锭；40袋银条；63箱零55袋银盘子；1袋白金（内有6块白金锭）；还有从不同国家掠夺的110袋钻石和珠宝……

据估算，仅其中的黄金在当时就价值2.6亿美元。盟军在欧洲其他地方发现的纳粹宝藏都无法和这里相提并论。艾森豪威尔和布莱德雷都被眼前的景象惊呆了。巴顿当时开玩笑地对两位上司说，不如把这个秘密隐藏起来，等和平到来之后，我们又要为军费发愁的时候，每年可以从这里拿一点钱补贴军费开支。当然，这只是说笑而已，这么巨大的一笔财富可不是小事情。4月15日，在战斗机的护卫下，这批财富由数百辆卡车运送到位于法兰克福的德国国家银行。

艾森豪威尔、布莱德雷、巴顿参观被德国人掠夺的艺术珍品

一名美国士兵被纳粹掠夺的艺术珍品深深地吸引住了

1946 年初，这批宝藏中的黄金被移交到盟国战争赔款委员会，后来又交给美英法三国黄金归还委员会，由他们负责尽快将其交还给受害国的中央银行。当然这已经是后话了，此时那个指点江山、意气风发的巴顿，早已魂归故里，无缘目睹这一过程了。

从金库出来之后，巴顿又陪着艾森豪威尔和布莱德雷参观了奥德鲁夫纳粹集中营。第 3 集团军找到一位幸存者，引导将军们参观绞刑架、鞭笞犯人的刑具、焚尸炉等等，并负责解说。

在这之前，艾森豪威尔都是从各部队逐级上报的材料中了解到集中营的惨状，而现在却是亲眼看见了那一幕幕触目惊心的场景，他写道：

当第一次直接目睹纳粹野蛮残忍灭绝人性罪行的铁证时，我简直无法描述我的情感反应……我确信我的感官从未受过如此震撼……从此以后，如果国内出现“纳粹暴行纯属宣传”的论调，我有责任以第一手材料作证……

当晚，艾森豪威尔就分别向华盛顿和伦敦电告两国政府，应该立即派一支由新闻记者（艾森豪威尔特意指出，应把所有政治派别的媒体集中起来随机挑选，以免给人以口实，也只有这样才更具说服力）和国家立法机构成员组成的代表团来德国。他希望把发生在纳粹集中营里的一切罪恶，在最短的时间内向英美两国公众和全世界公布，彻底批驳那些对纳粹暴行持挑剔甚至怀疑目光的观点。

布莱德雷则以极其直白的描写，忠实记录了自己所见到的惨状：

还在栅栏外边，我们就被空气中一股强烈的腐尸的恶臭包围了。超过3200具瘦骨嶙峋的裸尸被横七竖八地扔在浅浅的抛尸坑里，还有一些尸体仍躺在街道上。蛆不停地在那些瘦得皮包骨头的发黄的皮肤里钻来钻去。一名卫兵向我们展示了尸体上的凝血形成的粗糙的黑痂，这是饿急了的劳工从尸体身上掏内脏吃留下的……实在太恶心了，我无法再讲下去了。在这里，死者受到的侮辱令我们感到震惊和愤怒……在接下来的一周里，我们的部队又在贝尔森、布痕瓦尔德、达豪和其他一些地方看到了纳粹更为残忍的兽行……我只希望全世界人民永远不要忘记这些可怕的历史。

美军第80师解放布痕瓦尔德集中营后，营救出大批犹太难民

艾森豪威尔和布莱德雷到巴顿这里来，可不单纯是为了参观宝藏和集中营的。当晚，他们二人住在了第3集团军司令部，首先向巴顿介绍了下一步行动计划。巴顿又提出攻占柏林的问题，两位上司都明白他的意思。这位渴望建功立业的将军，就像他经常对新闻界宣传的那样，巴顿期待着率领自己麾下的百战精兵，直接杀入柏林，活捉希特勒。艾森豪威尔反复向巴顿解释自己的想法，他认为柏林已经不存在什么战术或战略价值了，而且德国人肯定会进行疯

狂的抵抗，他和布莱德雷反复商量一致认为，如果要夺取柏林，盟军至少还要准备 10 万人的伤亡。与其用这么大的代价，去换取一个没有任何价值的柏林，不如将美军主要精力放在歼灭纳粹德国其他地区的残余力量上。巴顿勉强接受了艾森豪威尔的看法，但还是固执地认为，美军下一步的行动最好还是攻占柏林，然后立即东进向奥得河发展。

谈过柏林问题之后，三个人又聊了很久，甚至涉及地球那一边的太平洋战场。艾森豪威尔、布莱德雷和巴顿一致认为，对日作战尚须时日，对德战争结束以后，很可能会将欧洲的盟军部队调往亚洲。三人还兴致勃勃地就部队和指挥官人选进行了探讨。直到午夜才分别入睡。巴顿临睡前，发现自己的手表停了，便打开收音机准备对一下时间。刚打开收音机，就听到了一条惊人的消息：罗斯福总统去世了。巴顿顿时睡意全无，先叫起了布莱德雷，然后两人一起把这个悲痛的消息告诉了艾森豪威尔。

刚刚分手的三名高级将领又聚在了一起。几个小时前的高谈阔论被当下的悲痛和担忧所替代。罗斯福总统为战胜法西斯所作出的努力，人所共知。令人遗憾的是，他不能亲眼看见胜利到来的那一天了，怎能不让这些美军将帅悲痛万分。同时，他们难以预测罗斯福身后的世界会发生怎样的变化。但有一点可以肯定，至少美国国内目前尚没有人像罗斯福那样，具备同斯大林、丘吉尔等国际政治领袖交往的丰富经验。无论如何，在这么重要的时刻，更换国家领导人，都是件令人担忧的事情。

唯一能让他们略感宽慰的是，马歇尔这位美军整体战略计划的设计者仍在协助新总统杜鲁门处理军务，这样的话美军既定的战略方针应该不会出现重大变化。

杜鲁门继任美国总统后，在国会发表第一次演说

这一天发生的事情太多了，金库、集中营、罗斯福去世，哪一件事情都足以深深地镌刻在艾森豪威尔和布莱德雷的脑海中，所以他们才会在回忆录中有如此深刻的描述。巴顿过早地去世了，如果他也有机会在晚年撰写回忆录，恐怕也将为 1945 年 4 月 12 日这一天，留下浓墨重彩的一笔。

两天后，巴顿应邀出席莱茵河铁路桥的通车典礼。大桥是巴顿在西点的老同学弗兰克·休伦上校负责建造的。老同学相见，休伦上校却并不十分热情，看上去精神很颓废。巴顿见状急忙询问原因，原来休伦用了 9 天又 20 个小时，修完了这座横跨莱茵河的铁路桥，而当年恺撒修建一座类似这样的桥，却只用了 9 天又 8 个小时。休伦上校正为自己落后于恺撒的这 12 个小时而郁郁寡欢。巴顿听后哈哈大笑，宽慰休伦说恺撒修的只是木桥，而你修的确是铁路桥，大可不必为此郁闷。为大桥剪彩的荣誉自然落在了巴顿身上，由于找不到红绸子，只好临时用红色的带子代替。当人们把剪刀递上来时，粗犷的巴顿没有接，而是让部下取来一把刺刀，一刀挑断了红带子。剪彩仪式后，巴顿乘坐了首列过桥的火车。

4 月 15 日，艾森豪威尔下达了总攻命令。盟军兵分三路向德国内地猛攻：北路，由蒙哥马利率领继续向易北河挺进；中路，盟军最高统帅部吸取了阿登的教训，派美第 1 集团军、第 9 集团军负责扼守易北河与德穆尔河，死死控制住桥头堡，严防德军反扑；南路，由巴顿的第 3 集团军向东南方向，基本就是沿着德国与捷克斯洛伐克边境线平行的方向推进，争取在多瑙河谷与萨尔斯堡与苏军会师。

这一期间，美国新任总统杜鲁门做了一件令欧洲美军高级指挥官非常振奋的事情。为了鼓励将军们在战场奋勇杀敌的优异表现，艾森豪威尔向马歇尔提出应该晋升巴顿和霍奇斯为四星上将。马歇尔同意艾森豪威尔的请求，并立即报告给了新总统。杜鲁门丝毫没有犹豫就将马歇尔提交的名单转给了参议院。很快，美军一大批将军得到了晋升，巴顿成为美军四星上将。

巴顿是 4 月 18 日当天，从《星条旗报》上确认这一消息的。当时，他和同事都在读报。巴顿正关注于有关第 3 集团军的报道时，同事拿着报纸高兴地跑来指给他看。得知自己被晋升为上将，巴顿很高兴，但是心中多少有一些不快，在自传中他是这么写的：

当然，能晋升我很高兴，但是他们把我列在“还有”名单里，而不是晋升名单的第一组，这多少有点让我扫兴。

鉴于手中资料有限，笔者未能找到当年美军晋升将军的原始材料，但从巴顿的记述中不难做出判断，这批名单中重点介绍了排名在巴顿之前的将军，对于其后的将军则采取了“还有巴顿”等类似的叙述。这自然令事事争先的巴顿略感不快。

布莱德雷对第 3 集团军即将发动的多瑙河战役极为重视，他和巴顿都清楚，这恐怕是美军在欧洲战场上最后一次大的战役了。因此对第 3

集团军的建制进行了调整。第 8 军军长米德尔顿患有严重的关节炎，病情已经到了无法适应野战行军的程度，为了照顾他，布莱德雷和巴顿经过商量，将米德尔顿的第 8 军与第 1 集团军下属的范佛里特的第 3 军进行对调。范佛里特，1915 年毕业于西点军校，作战勇猛，从团长、师长、军长一步一个台阶地提拔上来，在欧洲战场取得了傲人的战绩。但同样就是这个范佛里特，日后在朝鲜战场上率领美第 8 集团军猛攻上甘岭，被中国人民志愿军打得丢盔弃甲、寸步难行。这两个军的对调工作刚刚告一段落，第 12 军那边又出问题了。巴顿接到报告，第 12 军军长埃迪因为高血压和心脏病导致身体状况极差，已经不能胜任作战指挥任务了。埃迪是巴顿的老部下了，从北非起两人就在一起并肩战斗。巴顿虽然舍不得他离开，但是又担心会延误了埃迪的病情，最后经过艾森豪威尔和布莱德雷商议，巴顿决定由参加过突尼斯战役并且在欧洲战场屡立战功的第 5 步兵师师长勒鲁瓦·欧文，接替第 12 军军长一职。

4 月 19 日，佩戴着四星上将标志的巴顿将军，早已将因授衔名单先后顺序引发的小小不快抛在了脑后，意气风发地出现在前线，催动他麾下由 15 个师组成的几十万大军，继续征伐。到 4 月 26 日，第 3 集团军已经全部推进至多瑙河畔。第 20 军和第 3 军先后渡过多瑙河，向林茨和萨尔斯堡前进，第 12 军留在多瑙河北岸担任掩护。

在德国人的背后，苏军于 4 月 16 日由奥得河向西在长达近 400 公里的战线上，向德军发起了排山倒海般的进攻。同美英盟军一样，苏军也是兵分三路：北线指向丹麦半岛，中路进攻柏林，南路攻向德累斯顿地区。4 月 25 日中午 11 点 30 分，美第 69 步兵师一部在德国武尔岑市附近与苏军发生接触。次日，该师师长埃米尔·F.莱茵哈特与苏军第 58 步兵警卫师师长弗拉基米尔·卢萨科夫在托尔高正式会晤。美英盟军与苏军终于按照计划在易北河会师了。

美苏两军在易北河会师

4 月 26 日一早，苏军数千架轰炸机飞临柏林上空进行大面积轰炸，同时地面上上千门火炮也倾吐出愤怒的火焰。经过长时间的火力准备后，苏联白俄罗斯第 1 方面军和乌克兰第 1 方面军开始向市区推进。4 月 29 日凌晨，法西斯巨孽希特勒与艾娃·布劳恩在总理府举行了简单婚礼，而后他写下了遗嘱，指定德国海军元帅邓尼茨为他的继承人。30日下午3时30分，希特勒与他的新婚妻子在地下室双双自杀。希特勒虽然死了，但是柏林城里残余的德军还在进行着激烈的抵抗。苏军每前进一步都要付出巨大的代价。晚上9时50分，苏军终于将红旗插在了帝国大厦顶楼。次日7时，德国柏林城防司令魏德林上将来到朱可夫元帅的指挥所，签署了投降书，截至当天中午柏林守军全部缴械投降。

与此同时，巴顿麾下的第80师已经进抵萨因河，并攻占了纳粹德国的“圣地”——希特勒的出生地布劳瑙。5月4日，第3集团军占领林茨的当天，布莱德雷正式通知巴顿，将第5军划归第3集团军建制，立即向捷克斯洛伐克进军，前提条件是可以派出小股侦察部队，但是大部队决不允许超过横贯比尔森西北至东南方向的战线。这样巴顿手下的兵力一共有4个军18个师，总人数达54万。巴顿曾骄傲地写道：这是二战中美军最大的集团军。5月5日，布拉格的守军基本瓦解，巴顿已经做好了进城的准备。但是却接到盟军最高司令部的严格命令：第3集团军必须停止在预定的停止线上，即便是侦察部队也不得超越8公里的范围。巴顿虽然非常恼火，也只得服从命令。

5月8日，巴顿接到通知，德国无条件投降书将于5月9日零时生效，在此期间盟军各部不得轻举妄动。这天早晨，他按照惯例召开了例行简报会。在会上巴顿向第3集团军参谋部的全体成员表示了感谢。他深情地讲道：

单凭一个人的力量是不可能指挥一个集团军的，任何军队要想取得胜利就要靠其参谋部协调一致的努力，靠全体官兵强大的战斗力，离开了团结协作，我们绝对不会取得战争的胜利。

巴顿在讲话中还不止一次地提到，这是我们在欧洲的最后一次简报会了。与会者都明白，他们的将军还期待着到亚洲战场去驰骋一番，那就是“亚洲的简报会”了。

11点半，巴顿举行了一次新闻发布会。会上，有记者问起第3集团军没有占领布拉格的原因。巴顿回答说，我可以明确地告诉你们为什么。记者闻听此言，立刻精神高度集中，掏出笔记本准备记录，期待着巴顿解开其中的谜团。结果，他公布的答案却引起了记者们的哄堂大笑，“我们奉命不能去占领”。

不久，巴顿接到了美国陆军部长史汀生发来的一封贺信：

我谨在此向你和你英勇的第3集团军全体官兵表示祝贺。祝贺你们勇往直前取得伟大辉煌的胜利，你们的胜利为我们光荣的胜利做出了巨大的贡献。第3集团军的辉煌战果体现了历史上美国军队保卫祖国的光荣传统，你和你英雄的部队理应受到全国人民的尊敬。

战争结束了。

那些血与火的日子已经成为过去。

对于视战争为生命的军人巴顿，经历了短暂的胜利喜悦之后，似乎感觉到了一丝莫名的惆怅。是啊，一个习惯了硝烟和战火的人应该如何面对和平呢？巴顿在他的自传中写道："恐怕这也是我亲历的最后一场战争了。"

/ 尾声 /

对巴顿而言，战争似乎比和平更能令他开心和充满勃勃生机。

在给妻子的一封信中，这个习惯了用大炮和坦克发言、面对万千敌军也从不皱一下眉的硬汉，却只得用笔向远方的亲人倾诉着自己内心的无助与寂寥。巴顿写道：我热爱战争、工作和振奋人心的事。对于我来说，和平将是一座坟墓。

6 月，巴顿回到美国，从他走下飞机那一刻起，就一直被鲜花和欢迎的人群所环绕。一时间，巴顿在各种宴请和巡回演讲中疲于应付，虽然很辛苦，但是很充实，他的心情好了很多。这样的日子过了没多久，巴顿就惹祸了。由于在演讲中口不择言而深深伤害了烈士家属的感情，再加上媒体大肆炒作，一时间满城风雨，最终巴顿公开道歉才平息了这一事件。正像熟悉他的欧洲战场的同僚们所讲：巴顿的嘴巴并不是经常听大脑使唤的。在以后的演讲中，巴顿又出现了几次类似的情况，他被舆论搞得苦不堪言。战争期间，幸亏有艾森豪威尔那样的上司会照顾到他这个“问题少年”，不轻易追究。和平年代，没有人因为你能征善战，就会原谅你对人们感情和社会舆论的严重伤害。

不久，巴顿被任命为巴伐利亚军事行政长官，于8月中旬赴任。

新的工作岗位对于巴顿而言的确是难以胜任的。一方面，他是一个非常纯粹的军人，习惯了征战杀伐、血雨腥风，一旦与政治发生交集，处处都表现得异常幼稚、蹩脚甚至是低能。另一方面，巴顿本人对共产主义有着一种与生俱来的偏见，战后德国为美英法苏四国公管，作为地方行政长官的他在与苏方人员打交道时，自然而然地流露出来，引起了苏方的强烈不满。基于本能的偏见、政治方面的幼稚再加上兴之所至的口无遮拦，这位昔日里叱咤风云、八面威风、敌人为之丧胆的大将军，把自己搞得焦头烂额、狼狈不堪：一次视察时，他发现捷克斯洛伐克人民对纳粹战犯极为仇视，为了避免当地人民做出极端行动，巴顿擅自做主，一下子将1500名纳粹战俘转移走；他的行政长官办事处居然雇用了一个纳粹德国党卫队前成员，理由是此人办事认真干练、精通业务；当时，巴伐利亚许多银行家和企业家在二战期间或多或少的与纳粹发生过关系，巴顿认为这些人身上担负着战后重建的重任，不断在公众场合为他们辩护、开脱；苏军方面向艾森豪威尔反映，巴顿辖区内对德军残余部队的遣散和搜捕工作进展缓慢，当这些意见反馈到巴顿那里时，他勃然大怒，发了好一通牢骚，居然提出了重新武装德国对苏开战的荒谬主张……这些举动，造成了非常恶劣的舆论影响。

马歇尔、艾森豪威尔等人，对巴顿的表现非常不满意。特别是巴顿到处大放厥词，尤其令人头疼。作为老上级，既是批评更是出于爱护，马歇尔极其严厉地警告巴顿：请你行为检点一些，闭上你那张惹是生非的臭嘴。

巴顿既没有意识到这些过激言词已经把自己推到舆论的风口浪尖上，更没有领悟到老上司疾言厉色背后的关爱与呵护，依旧我行我素。1945 年 9 月 22 日，在位于巴特特尔茨的司令部，巴顿召开了一次记者招待会。这次记者招待会，极大地影响了巴顿的人生走向。

与会的记者们大都有备而来，殷切期待着这位口无遮拦的将军再次爆出“猛料”。事先，盟军最高司令部已经针对苏军提出的有关巴顿纵容纳粹分子的意见展开了调查，初步结果对巴顿非常不利。据调查显示，至少有 20 个上了黑名单的纳粹分子，在巴顿扶植的谢菲尔政府中身居要职。在如此背景之下，记者们哪里肯轻易放过巴顿，轮番向他提出各种犀利的问题。

面对记者连珠炮般的提问，巴顿仿佛又回到了战火弥漫的北非战场上，他喜欢这种火药味十足的场面。醺醺然中，马歇尔的叮咛早已被抛到九霄云外，巴顿又开始肆无忌惮、信口开河地发表演讲。他不但提出吸收前纳粹党成员参与军政府工作以提高工作效能，而且无意中居然把美国民主、共和两党与纳粹党相提并论。

次日，各大报纸便连篇累牍报道了巴顿谈话的内容。继而，有报纸发出了“巴顿将军应立即被解职”的呼吁。身为一位战功卓著的美国将军，将作为美国民主标志的两党制等同于怙恶不悛的纳粹，这实在令人们难以接受。一时间，巴顿的言论震惊了美国朝野，盟军司令部也极为被动，艾森豪威尔一方面应付着国内的批评和质问，一方面立即想办法试图平息欧洲舆论的激烈反应。他要求巴顿立刻再次召开记者招待会，收回 9 月 22 日公开发表的错误言论，并郑重道歉。

事情发展到这一步，巴顿仍然没有认识到问题的严重性。艾森豪威尔的命令他自然不敢违抗。巴顿大大咧咧地再次召开记者招待会，轻描淡写地谈了自己的错误，然后话锋一转竟然为自己进行了一大通辩解。

艾森豪威尔意识到，巴顿这个家伙真是无可救药了。迫于舆论的压力，美国军方做出了免去巴顿第 3 集团军司令官职务的决定。很快，各大报纸纷纷报道了这一消息。巴顿再度成为美国军界令人瞩目的焦点。

巴顿终于为自己的行为付出了代价。

10 月 7 日，巴顿向第 3 集团军官兵做了告别演说，而后黯然离去。

不久以后，盟军最高司令部任命巴顿出任第 15 集团军司令，给这位曾经创造过无数战争奇迹、却在和平年代碰得头破血流的将军一点点心理上的慰藉。第 15 集团军是一支由后勤人员组成的“服务部队”，巴顿将在这里度过他最后的军旅生涯。

渐渐地，战后欧洲的重建工作也日益走上正轨，那个战功卓著、粗鲁跋扈的巴顿淡出了人们的视野。

1945年12月22日，美国《纽约时报》发表了这样一篇社论：

远在战争结束以前，巴顿就是一个传奇人物。他引人注目，妄自尊大，枪不离身，笃信宗教而又亵渎神灵，由于他是一个战士，因而容易冲动和发火；由于他在急躁的外表之下又有一颗善良的心，所以容易受到感动而流泪。他本身就是一个巧妙的火与冰的混合体，在战斗中，他炽热勇猛而又残酷无情，对目标的追求也坚定不移，他绝不是一个只知道一味向前，去跟人拼命的坦克指挥官，而是一个深谋远虑的军事家。

此前一天，巴顿死了。死于一场车祸。

12月9日，巴顿在第3集团军参谋长盖伊将军的陪同下外出打猎。途中，座车与一辆军用卡车相撞，巴顿颈部受重伤。送入医院后，由于伤势过于严重，于21日下午5时49分，病逝，享年60岁。

几天以后，巴顿的遗体被安葬在卢森堡的美军公墓中。在这里，不分军衔和职务，巴顿与第3集团军阵亡的6000多将士躺在了一起，紧挨着他的是上等兵约翰·赫齐瓦恩。巴顿的墓碑和其他官兵的一样，庄严质朴，上面刻着两行小字，告诉人们，长眠在泥土之中的是那个曾经令无数纳粹闻风丧胆的将军：

乔治·S.巴顿

第3集团军上将　军号 02605

巴顿身后，人们就他的死因有各种各样的说法。虽然巴顿之死确实存在某些疑点，但是至今没有充足的证据证明，车祸致死之外的其他原因。一生充满传奇的他，即便死去，仍给这个世界留下了道不尽的传奇。

老战友布莱德雷对巴顿之死极为震惊，哀恸之余，他写道：

这件事情具有很大的讽刺意味，巴顿在三次战争中无所畏惧地面对死亡，他最终死在一次车祸中。这么说可能并不合适，但我认为这件事对乔治·巴顿和他的职业声望来说是件好事。战争已经打赢了，没有什么可留给他再去战斗了。他在和平时期不会是个好战士。战后，他不可能在陆军找到一个令他高兴的职位。他只能退休，生活在对过去黄金岁月的遐思中。毫无疑问地他会在任何场合、任何时间，就任何话题轻率地发表看法。最终，他完全有可能成为一个让人厌烦的、拙劣的人物—— 一个衰老的、刻薄的、令人同情的家伙，无意中抹杀了他一生的传奇。

布莱德雷的这番话，正是为巴顿在战后期间表现所给出的最佳注脚。相信，在天国之中的巴顿，也会面露微笑、认同老战友这发自肺腑的感怀。

将军巴顿，在和平到来仅仅7个月之后，便告别了这个世界。正像布莱德雷所言，这对于巴顿和他的军人生涯或许是最好的结局。

或许，他就是为战争而生！